馬毛島漂流

八板 俊輔
Yaita Shunsuke

石風社

馬毛島（右下）と種子島西之表市（左端：喜志鹿崎）

はじめに

馬毛島《まげしま》は、種子島から近くて、遠い島です。

二つの島の海峡は幅一二キロ。いまの漁船なら三〇分たらずで行けるのに、遠く感じます。

かつては、だれでも自由に闊歩できる島でした。

九州最南端の大隅半島からさらに南へ四〇キロ、鹿児島県種子島の西之《にしの》表《おもて》市に馬毛島は属します。大隅、薩摩両半島にはさまれた錦江湾の中ほど、桜島の正面にある鹿児島港から西之表港までは百余キロの航海を要します。高速船に乗れば一時間半。所要三時間半のフェリーは、桜島、開聞岳を後にして、黒潮躍る大隅海峡へ悠然と進みます。

船上から望む馬毛島は、初め、小さな島影が種子島に抱かれるように重なっています。両島の間にある海峡が南北に見通せる位置に船が差しかかったとき、洋上に細長く這うような馬毛島の島影がようやく独立します。島の中央部の少し南寄りに最高地の岳之腰（標高七一メートル）があります。丘の頂から緩やかな稜線を下ろす低い錐体は、西と東の方角からは山すそが長くしなやかに広がり、北や南からは山すそが小さくこぢんまりとした形に見えます。

一九八〇（昭和五十五）年春、西之表市営連絡船「馬毛島丸」が運航をとりやめました。

きっかけは、石油備蓄基地の誘致です。七〇年代のオイルショック後に国策で建設することになった石油備蓄基地の誘致計画に行政や議会が乗り気になり、馬毛島の住民が島を去って、「無人島」になりました。ところが、石油基地は同じ鹿児島県の大隅半島にある志布志湾に決まり、結局、誘致運動も島民退去も空振りに終わったのです。

ところで、種子島に生まれ育ったわたしは一九七七年春、新聞記者になりました。少年時代に事件記者にあこがれ、大学在学中に沖縄返還や日中国交回復、ベトナム和平、ウォーターゲート事件、ロッキード事件という出来事がありました。職業として新聞記者を志して運良く進むことができ、報道の職人として修業しながら、静岡、埼玉、東京、沖縄、福岡、長崎、熊本へと回りました。

その三十五年の間に、馬毛島は紆余曲折をへて、日米安全保障の歯車として着目されていました。

二〇一一（平成二十三）年夏、飛行機の窓から見下ろすと、馬毛島に巨大な十字路ができていました。大地主が軍事飛行場誘致を目的に断行した大工事です。地元は賛否で揺れ続けています。

米軍の空母艦載機離着陸訓練（ＦＣＬＰ）の恒久施設の候補地に馬毛島を挙げた日本の国は、防衛省が大地主と土地買収の交渉をしています。馬毛島が軍事基地建設の候補地になった理由は、平坦な

馬毛島

無人島であり、大地主がいて買収が比較的容易に見えることが大きいようです。防衛省と地主との交渉は二〇一五(平成二十七)年夏現在、結論が出ていません。西之表市など自治体や議会は軍事基地建設に反対しているので、土地交渉が進んだとしても事は簡単には進みません。

わたし自身のことをいえば、報道の切り口として工事の違法性を指摘する記事を書いた後、割り切れない思いが募りました。「違法工事」の指摘は正しい。しかし、それだけでは問題は解決しないのです。膠着状態にいたっているこれまでのいきさつを調べてみると、開発プロジェクトの見込み外れの後、主に行政のいくつかの失敗も重なっていました。そして、わかったのは、わたしだけでなく、基地反対や賛成の意見をもつ人々も馬毛島のことをほとんど何も知らないことでした。

馬毛島を知るために、現地を訪ねました。島を歩いてみると、学校の校舎が荒れずに残っていること、開拓農地、漁業基地といった人間の暮らしの跡が色濃いこと、マゲシカを代表とする別世界のような自然の息吹に驚きました。同時に「なぜ」と、さまざまな疑問がわき起こりました。元住民や漁師の人たちに尋ね、文献をひもとき、見聞したことを記録し伝えようと、写真展、ＤＶＤづくりと試行錯誤しました。

そうしてわかったのは、馬毛島を故郷として大事に思っている人、郷愁を抱いている人が今も少なくないことです。しかし、その人々もいつのまにか「遠い」と感じるようになり、それぞれの思いを胸に、さまざまなことをあきらめてしまいつつあります。

それはいかにも口惜しい。過去の過ちを挽回して馬毛島を身近に回復する方法はないのでしょうか。馬毛島の魅力を知り、それを生かす道をさがし、進みなおすことはできると思います。

「なぜ、馬毛島にこだわるのか」

住んだこともない島への執着に対し、わたしは問われることがあります。問われて、自問するうちに、馬毛島を取り戻したいからだと思うようになりました。土地は、その地域に住む人々のためにあると思います。馬毛島を地域に取り戻すささやかな作業として、この本を書きました。

馬毛島の物語を四季折々の和歌二十首ではじめます。

馬毛島漂流◉目次

馬毛島漂流

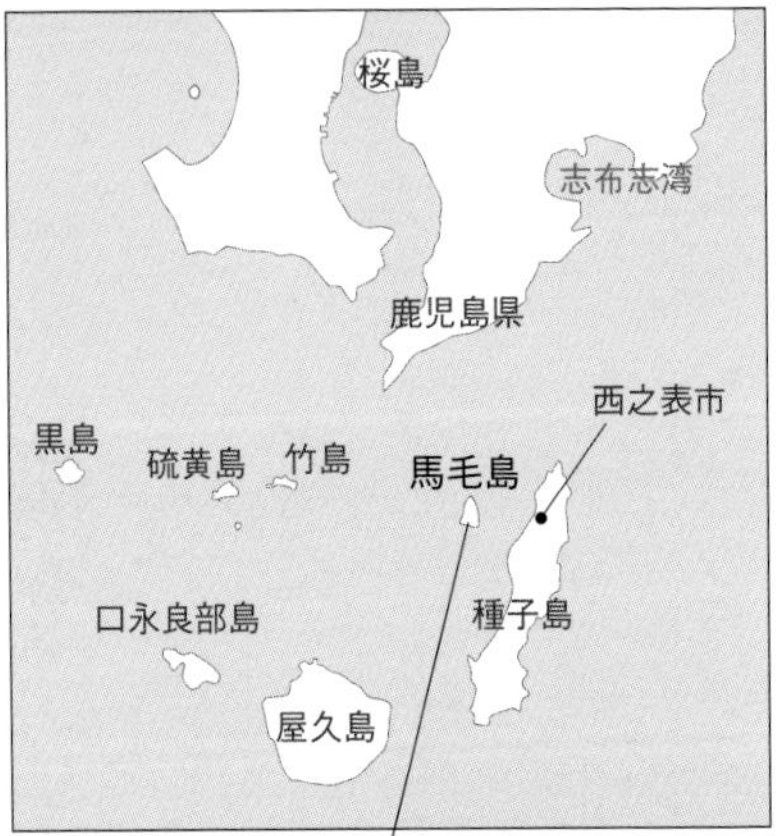

馬毛島周辺海域(右)

馬毛島全体(下)

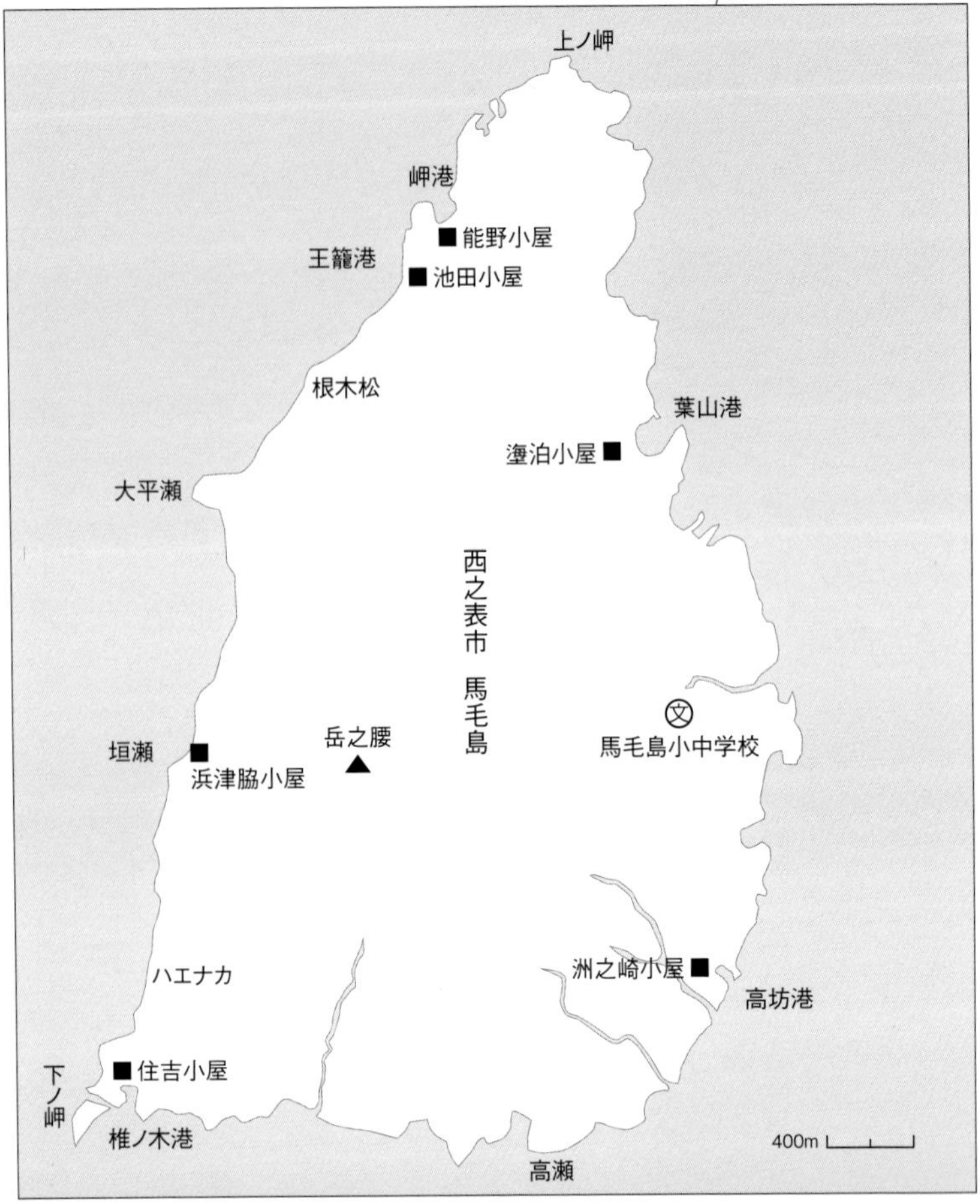

第一章　同胞《はらから》の島

ヒメノボタン

日の昇る種子島を向き背伸びして馬毛の蘇鉄は赤く燃え立つ

早朝のソテツ自生群落

サバンナに群れ跳ぶ如き馬毛鹿は固有亜種たり　別天地に生く

草原、海峡、清掃工場

カバマダラ舞う唐綿《とうわた》の花の辺に姫野牡丹は紫咲かす

カバマダラのメス

石油基地スペースシャトルも幻に開拓農家の離島甲斐なし

市道近くの廃屋

廃墟立つ無人島にも市道あり「馬毛島1号」夾竹桃咲く

沿道のキョウチクトウ

開発に露わとなりし馬毛島の地肌穿ちて十字路白し

崖に駆け寄るマゲシカ

石塊《いしくれ》の堤の上に鼻をすり草の芽さがす牡鹿が一頭

東西路を歩く牡鹿

春待たず野に晒されし母鹿の宿す頭骨夏の陽を浴ぶ

母鹿と胎児

廃校の門の左右に馬毛島小、中学校の表札残る

校門に二つの表札

アグリッパ石膏像は生徒なき校舎を見つめて三十五年

廊下に残る石膏像

歓喜せし表彰台を真ん中に体育館は閉ざされしまま

へき地集会室

飛魚の豊漁祈願せし葉山浦の蛭子神社に親子獅子吠ゆ

朝日を浴びる祠

朝鮮の役に水軍功成して給わりし漁区　碑文は記す

高坊港と石塔

縄文の噴火が運びし津波岩にオオイタビ巻き目白さえずる

崖上の巨岩

弥生人埋葬したる椎ノ木の遺跡は浜昼顔の咲く丘

椎ノ木港

弑逆《しいぎゃく》の若殿悼む石塔は王籠《おうごもり》港のほとりに鎮もる

砂に埋もれた石塔

グラマンの弾痕残すトーチカは岳之腰から四方見晴るかす

トーチカの鉄格子窓

座礁して船橋破れ幾歳月　エンジン塊の錆び毀るる浜

破船の三気筒エンジン

人口五百製糖工場も在りし島無人となりて三十五年

建物跡にタイヤ、石臼

嬉しき日辛かりし日もそこに在り　馬毛島はわが同胞の島

馬毛島と西之表市街

第二章　海峡

飢饉

日の昇る種子島を向き背伸びして馬毛の蘇鉄は赤く燃え立つ

二〇一二（平成二十四）年夏の夜明け前、ぼくは馬毛島の東海岸に立っていました。太陽は種子島のある東の方角に昇るはずです。

あかつきの海に西之表の灯がまたたいています。藍色の空に濃紫や赤黒い雲が浮き出るころ、種子島が輪郭をあらわし、金銅色の光が海峡を渡ってきました。

後ろを振り向くと、ソテツ群落がかがやいています。腰蓑のような枯れ葉に朝日が染みこみ、緑葉は照り返していました。

馬毛島に自生するソテツは、種子島の人々の命を救ったことがあります。少々古い話ですが、江戸時代後期の一八〇四（文化元）年の春以降、種子島は、大雨、蝗害（イナゴの食害）、台風襲来が続いて大飢饉に見舞われました。

鎌倉時代以降種子島の領主として君臨した種子島氏の公式記録「種子島家譜」をひもとくと、飢饉の経過を頻繁に記録しています。

文化元年

○三月廿日、廿一日、大雨。油久村田地五十余町を損ず。

○五月十九日、中之村、島間村、安城村、安納村、古田村、大雨。田畝を損ず。

○一島、蝗。

○七月廿五日、大風。

○八月廿日、今茲、天、凶を降して風は木を抜き、蝗は粟を槁らし、歳大いに饑饉するの故を以て、稲尽く枯るゝの地は其の役米を、僅かに存するの地は其の半を赦す。

○上書して、他邦に糴して一島の饑饉を救はんことを請ふ。

○廿九日、大風。

○大いに飢饉するを以て、重出米、牛馬ノ口銭を緩くせんことを請ふ。

○九月、今茲凶歳なるを以て、穀種を官に請ふ。十五日、許を得たり。

○十月、大いに疫して人多く死し、延いて牛馬に及ぶ。僧徒をして之を祈らしむ。

○十一月、凶歳なるを以て、負債の息を緩くせんことを銀主に求む。

○吾が地の人民の飢を救はんが為に、定賦外の税を納むることを免ぜられんことを請ふ。若し許すこと能はずんば則ち米銭を假貸せられよと。官、貢税を免ぜずして即ち銀三十貫目を假す。
○十二月五日、官、家老を船手に召して、茲年の人別出銀船出銀を緩め、来る丑年六月に当って之を納めよと命ず。蓋し飢饉を以てなり。
○吾が地凶歳なるを以て、麑府の賈人原田十次郎、米百石（白赤各々五十石）を假す。豊登の年を待ち、息を舍いて之を償はんと約す。

文化元年は春の大雨、梅雨、台風に蝗害が重なり、農地は損壊し、稲など穀物の収穫ができない大飢饉の年でした。農民、家臣の年貢米を免除しても食料がない。大隅、日向、薩摩などの隣国から米を買い入れて領民の飢えを救おうと試みました。疫病が流行し、人間だけでなく牛馬も死にいたります。寺院には雨乞いの祈りを命じました。金貸しの豪商に負債の利息支払いの猶予を要請しました。鹿児島の商人からは米百石（白米赤米五十石ずつ）を借り入れました。豊作の年に払うからと約束をして。しかし、飢饉は翌年もおさまりませんでした。

文化二年
○二月、去秋穀登らざるを以て、種穀千包を官に請ふ。今之を一島の庶民に与ふ。
○三月廿日、西之表村、蝗あり。僧徒をして之を祈らしむ。

○三月、吾が人民大いに飢労するを以て、書を奉りて米千石を官に借らんことを請ふ。
○歳凶なるを以て、米千石を官に假らんことを請ふ。官肯へて許さゞるも、亦之を棄つるに非ず。乃ち令すらく「今将に米千石を大島に転輸せんとし、船風浪に逢ひて米を湿す。故に船を佐田大泊に停む。須く之を訴ふべし」と。
○人民飢餓憔悴し、且つ府庫困窮するを以て、書を以て役人に告げ、万民の死を済ひ、倹を用ゐて能く家を斉へんことを要す。
○六月、頃日人民飢労すること最も甚し、馬毛島の蘇鉄を取りて（一島の小舟。西面より東面より尽く到る）之を末となし、水に淹して以て食と為す。よりて全活する者殆ど数百千人なり。
○八月、米五包を住吉村に与ふ。今茲大いに飢労して一島の人民みな救を求む。住吉村も亦飢う。然れども府庫の虚耗を想ひ、相共に草根を食して、救を請わず、ゆゑに其の篤実を賞するなり。而して后、薪三千斤を納めて之を謝す。
○米二斗を中之村百姓休之丞に与ふ。庶民の飢難を憂へ、耕耨してその賃用を受けず、吾が所有の牛馬を以て之を助け、荒蕪の地無からしむるを賞してなり。
○高一石を柳田龍助に与ふ。年大いに饑ゑ、府庫空乏にして、普く庶人を救ふこと難きを憂へ、銭百貫文を納めて以て之を助くるを賞してなり。
○年大いに饉ゑ加ふるに疫癘を以てするの故に、寺社及び諸士以下の禄地の税を緩くす。

○春より秋に至るまで、他国より糴して士庶人の飢を救ふこと凡そ千百二十二石余なり。且つ家老、医者をして村里を巡察せしめ、飢を救ひ病を治すと雖も、死者殆ど千人なり。

前年秋に穀物が実らなかったので種もみを藩にもらい島民に与えました。食料に窮した種子島の人々は、ソテツを食べようと馬毛島に殺到します。実には澱粉が多いものの有毒成分を含みます。毒が水溶性なので粉にして水にさらしてから、団子をつくって食べたといわれます。助かった命は「数百千人」ですが、死者も千人といいます。このころの種子島の人口は一万四千人との記録がありますから、惨状の甚だしさがわかります。領主の種子島家は、飢饉を救ったソテツを植えて増やしておくことを考えました。

文化五年

○三月十日、家老上妻七兵衛宗愛をして馬毛島に到り蘇鉄を植ゑしめ、野火を放つことを禁ず。往年子より丑年に至るまで、島中大いに飢饉す。此の時に方りて、人民彼の蘇鉄を取りて食に充て飢を救ふ。故に此の策あり。

種子島家のこの経済政策が功を奏したというべきか、天保年間にも、再び人々が馬毛島のソテツを

ソテツの実

食料として求めに行きました。

〇天保二年三月、年穀登らざるを以て、諸人、馬毛島の蘇鉄を採りて食と為す。

南の島でソテツが貴重な食糧となったのは、より近い時代にも例はあります。大正末期から昭和にかけての恐慌の後、沖縄の農村でも食糧不足におちいってソテツで飢えをしのぎました。第二次世界大戦中にもマラリアが猛威をふるう先島で、やはり人々が食べたといいます。いずれのときも調理法を誤れば命の危険がありました。野生動物でもソテツを食べて命を落とすことがあるのです。

西之表市は一九五九（昭和三十四）年、馬毛島の「ソテツ自生群落」を市文化財に指定しています。

オカヤドカリ

サバンナに群れ跳ぶ如き馬毛鹿は固有亜種たり　別天地に生く

九州の南方海上に連なる島々は、種子島、屋久島からトカラ列島、奄美、沖縄、宮古、八重山諸島まで、弓なりに点々と続く形から「琉球弧」とも呼ばれます。温暖な気候と珊瑚礁のある海岸の景観、植生や動物の自然がよく似ています。

各地の島に生息する野生のマゲシカをはじめ、ヤクシカ（屋久島）、ケラマジカ（慶良間島）も、いずれもニホンジカの固有亜種とされています。閉ざされた小島に個体群をつくって、独自に適応を重ね、キュウシュウジカなどに比べて小柄だといわれます。

マゲシカの群れが馬毛島の草原を縦横に駆け巡る姿を見たときの胸の高鳴りは、今も昨日のことのように思い出されます。アフリカや南アメリカ、オーストラリアの大陸にあるというサバンナをぼくは見たことがありません。でもきっとこんな光景なのだろうと想像しました。

二〇一二年七月のこの日、ぼくは馬毛島に泳いで渡りました。

といっても、瀬渡しの船から五〇メートルほどの距離です。はじめは船の舳先から瀬に跳び渡るつもりでいたのですが、うねりが邪魔をしました。海にせり出した岩場は直近まで深みになっているので歩く歩幅で渡れるはずなのに、船体が大きく上下動し横揺れも加わって安定しません。上陸のタイミングがとれないだけでなく、操船を誤れば人間も船も岩場に衝突しかねない危険な状態で、思うように近づけないのです。一見すれば凪の海も、意外な険しさをもっています。仕方が無いので、船は馬毛島の周囲を回って上陸ポイントを探し回ったあげく、島の南沖にしばし停止していました。頭上には雲の無い真夏の青空が広がり太陽が照りつけています。水深は四、五メートル。マリンブルーの海がキラキラと輝いて穏やかそのものです。舵輪を握る船長がじっと見つめている岸辺を見ると、波に洗われて黒光りしている岩場の近くは遠浅になって、船は近づけそうにありません。

「泳ぐかい?」

船長が言いました。そのために瀬波の穏やかそうな場所を探していたのだとわかりました。

「泳ぐしか無《な》かな」

当然のようにぼくは応じました。

帽子を脱ぎ、長袖シャツにズボン、運動靴姿のままで船の舷から海に飛び込みました。荷物はナップザック一つ。蓋付きのクーラーボックスに入れ、細紐でくくって海面に降ろしてもらいました。紐の片方は船に残し、岸に着いたら箱を回収できるようにしました。箱を押しながらカエル足で泳いでいくと、紐が足に絡みついて往生し、途中の瀬で一休みしてほどくのに手間取りました。箱を押さずに、泳ぎ着いた後に紐を引き寄せればよかったと気づいたけれど、あとの祭り。船の上ではへたくそな泳ぎだなあと笑いながら見ていたそうです。

岸にはい上がって箱からザックを取り出し、両手を頭上に挙げて「○」の形をつくると、船上から箱をたぐり寄せ、船はやがて東の方へ去って行きました。岩の上で立ち上がり、運動靴で歩くと湿った岩は海苔で滑ります。潮が引いて乾きつつある岩を探しながら陸に上がり、灌木の木陰でひと息つきました。Tシャツと化繊の長袖シャツにしみ込んだ海水が重力で下がり、ズボンの裾から海水がしたたり落ちます。石の上に腰をおろすと、水分が尻から石に吸い込まれていくのがわかり、涼しくさわやかです。足下でカサコソ音がするので、見ると、オカヤドカリが歩いていました。

乗船前に買った五百円の弁当を広げて食べました。初体験の一泊二日の始まりです。

食事を終え、ザックから帽子を取り出し、タムロンの二八～三〇〇ミリの高倍率ズームレンズをつけたニコンD700を肩に下げて出発したのは午後一時半でした。種子島家ゆかりの石塔と馬毛島小中学校が見たいと思っていました、まず市道を通って学校に行き、それから石塔をさがすつもりでした。といっても、市道への道筋がわかりません。北東の方向に行けば必ずたどり着くだろうと簡単に考えていました。ほどなく、昔は農地だった草原があり、海峡を隔てて西之表の市街地がくっきりと見えました。塔屋の高い清掃工場、白い市役所の庁舎、国の合同庁舎、九州電力の青い煙突、ニュー種子島ホテル、西之表港の防波堤と赤い灯台がよく見えました。

そして、シカの群れに遭遇したのです。

シカたちは、地面に首を伸ばして草を食べているようでした。一心不乱に食べていますが、群れの一部がぼくの姿に気づいたようです。じっとこちらを見つめています。気づかれたので立ち止まりました。こちらが歩き出すと、ピーァと甲高い鳴き声を残して走りだし、みるみる遠ざかっていきます。

野生のシカは種子島にもいて、農作物を荒らすので厄介者として嫌われています。隣の屋久島でも農作物や森林の食害が深刻な問題になっています。種子島でも屋久島でも狩猟期間を外れた時期には、有害鳥獣として捕殺すると報奨金が支払われます。

でも、無人島にすむマゲシカは少し特殊です。体毛の色がニホンジカより黒っぽく、体格は一回り小さな固有亜種とされ、島全体が県の鳥獣保護区に指定されています。

環境省が二〇一二（平成二十四）年八月に公表した第四次レッドリスト（絶滅のおそれのある野生生物の種のリスト）によると、マゲシカは「馬毛島のニホンジカ」として「絶滅の恐れのある地域個体群（LP）」に新たに選定されました。「地域的に孤立した個体群で、絶滅のおそれが高いもの」という意味です。環境省のホームページには、マゲシカが新規に選定された理由を次のように書いています。

馬毛島（鹿児島県）では開発に伴う森林伐採等が進行しており、同島に生息するニホンジカ個体群の生息に影響を及ぼしている。２０１１年の調査では２５５～２７７頭が生息していると推定されており、２０００年の調査結果（５７１頭）と比較するとほぼ半減している。今後継続的な減少が見られた場合には絶滅のおそれがあると考えられることから、本見直しでは「馬毛島のニホンジカ」を新たに絶滅のおそれのある地域個体群（ＬＰ）に選定した。

日本の絶滅のおそれのある野生生物については、一九九一（平成三）年に環境省が初めてレッドデータブックをまとめました。これは、レッドリスト掲載種について解説した本で、以後ほぼ一〇年ごとに改定しています。最初は動物だけでしたが、さらに一九九五～二〇〇〇年度にかけて植物のレッドリストを公表しました。選定は、国際自然保護連合（ＩＵＣＮ）が採択した考え方をもとにしています。

分類とランクの概要をみると、動物は①哺乳類②鳥類③爬虫類④両生類⑤汽水・淡水魚類⑥昆虫類⑦貝類⑧その他無脊椎動物（クモ形類、甲殻類等）、植物は⑨植物Ⅰ（維管束植物）⑩植物Ⅱ（維管束植物以外：蘚苔類、藻類、地衣類、菌類）の十分類にしています。

この分類ごとに、絶滅危惧（THREATENED）のランクを深刻度の高い順に、絶滅危惧ⅠA類（CR = Critically Endangered）、絶滅危惧ⅠB類（EN = Endangered）、絶滅危惧Ⅱ類（VU = Vulnerable）、準絶滅危惧（NT=Near Threatened）、絶滅のおそれのある地域個体群（LP = Threatened Local

Population）に分けて選定しているのです。

レッドリストは数年おきに見直しがなされ、二〇一二年に公表された第四次レッドリストは、二〇〇六年～〇七年に公表したものを改め、動物では四回目、植物は三回目の公表でした。

マゲシカが新規選定されたこの公表では、「九州地方のツキノワグマ」がリストから削除されました。前回リストで「絶滅のおそれのある地域個体群」とされていたのが「絶滅」と判断されたためです。理由は、次の通りです。

前回のリストで絶滅のおそれのある地域個体群（ＬＰ）に掲載していた「九州のツキノワグマ」は、最後の確実な捕獲記録が１９５７年であり、既に50年以上が経過している。また、１９８７年に大分県で捕獲された個体は、九州以外の他地域から持ちこまれた個体であることが判明している。これらを総合的に判断し、九州地方のツキノワグマはすでに絶滅していると考えられるため、今回のリストから削除した。

ツキノワグマの削除は、一見マゲシカとは無関係のようですが、レッドリストの扱いがマゲシカと入れ替わる形で消えたことが、マゲシカの将来を暗示するようで気になります。例えば、二〇七二年にはこんなふうに書かれはしないだろうかと空想しました。

前回のリストで絶滅のおそれのある地域個体群（ＬＰ）に掲載していた「馬毛島のニホンジカ」は、最後の確実な捕獲記録が２０２０年であり、既に50年以上が経過している。また、２０３９年まで種子島で飼育されていた個体群は馬毛島で捕獲された後、種子島に生息する個体との交配が進んだことが判明した。これらを総合的に判断し、馬毛島のニホンジカはすでに絶滅していると考えられるため、今回のリストから削除した。

馬毛島には昔、イノシシもいたようです。種子島と同様、今は姿を消しています。事の是非はさておき、どちらも絶やしたのは人間です。マゲシカもその可能性があります。それでいいのだろうかと思わされる新聞記事があります。

大正十一年八月三十日付の鹿児島新聞は、種子屋久両島のシカの研究に現地を訪れた北海道農科大学の八田三郎教授が語った言葉として次の記事を載せました。

見出しは四行。「世界にその比を見ぬ　馬毛島の一大鹿苑　奈良朝時代から世に知られた　天然記念物に保存か」とあります。鹿の群れをはじめ当時の自然、牧場の景観も細かく述べています。旧かな遣いで、濁点表記や句読点が少ないですが、原文のまま発言部分の全文を引用します。

「種子島は我邦で最も古く鹿を以て知らるるところで今より一千数百年前奈良朝時代に於て種子島は鹿皮百張を年貢として納めた歴史がある爾來鹿の産地として鳴り通ふしたものだが其の種子島の鹿苑とも言ふべきは種子島の西五里の海上に浮かべる馬毛島である同島は野生の鹿で金華山、奈良、嚴島の如き神鹿の三名所に比しても遜色の無い鹿の樂園である今回西之表から発動船を艤して馬毛島に渡って見たが同島は周圍僅に三里面積約一千町歩で一面の原野であるが中央の擂鉢の如き標高約四百尺の最高地嶽の越といふ丘上に登れば一眸視顧の中にありて到る處鹿の群が楽しそうに遊んでいる勿論奈良や嚴島の神鹿のやうに人懐かしく集まって來る譯ではないが我等の登ったときは折好くも鹿の群が多く五頭、十頭の群を成して何れを見ても鹿が居る中には三十頭、四十頭の大群をなしたものかゾロ〱やってくる或は数群が分れて見たり合して一群となったり何とも言へぬ鹿の遊戯を見た一つ口笛を吹て怖して見ると忽ち長蛇の陣をなし單縦列で駈け出す牧場の築堤や鐵條網の垣塀を飛越ゑて林間又は澤の中に影を没す其の奇観言ふべからず斯る野生の鹿群を一眸の中に収むる鹿苑が世界の何處にあるか嶽の越の小丘上より約一千町歩の鹿苑を手に取る如く眺められ何物の遮るものなきその特別の地形と他に比較なき千余年の歴史を有する鹿苑とは蓋し天下一品で日本國中は勿論世界中にもない彼の世界随一と呼ばるゝ米國ヨセミテバレーの公園でも澤山の鹿は居るが馬毛島のそれの如き鹿の偉観は見られない此の景観は實に世界一である斯る天然の大鹿苑は我國最古の鹿苑なれば目下内務省の鋭意着手しつゝある史跡天然記念物保存の上より言ふも馬毛島の鹿は倍々保護を加へて之が繁殖を圖り天下一品の鹿苑を永へに残したいものた云々」

かくも絶賛する八田博士の熱弁は内務省には届かなかったものか、「鹿苑」保護に関するその後の国の措置がうかがえないのはいかにも残念です。牧場経営者ほかの意向が関係したのかもしれません。

閑話休題、ぼくが馬毛島に上陸したとき、逃げ足の遅いオカヤドカリに出会い、心が和みました。こちらは国の天然記念物になっています。

炎天をオカヤドカリも緑陰に逃れ来たりてかさこそ動く

ぼくの同級生のカンジが、オカヤドカリの思い出話をしました。

中学のとき学校で、同級生からオカヤドカリを一匹もらったそうです。馬毛島で捕まえてきて友だちに配っていたようです。島ではゴンゴジョウと呼びます。巻き貝の殻に籠もり、息を吹きかけるとモゾモゾ頭や脚を出し、放すとそのまま逃げ去ろうとします。その仕草が面白いので息を吹きかけたり、二匹いれば並べて競走させたりして遊ぶのです。授業中は先生に見つからないように、机の中に隠していました。

オカヤドカリ

ある日、ジュンイチは授業が始まっても、机の上でハーッと息を吹きかけていたところ、「暑い、やめろ」と反撃され、はさみで下唇をはさまれてしまいました。

「あいたたっ」

思わず大きな声を上げて先生に見つかり、持ちこんだ同級生とともに叱られ、廊下に立たされたそうです。ジュンイチは「ゴンゴジョウは覚えとるが、誰からもろうた（もらった）か忘れた。廊下に立たされたとは覚えとらん」と一部否定します。

では、持ちこんだのは誰か。馬毛島から転校してきたケンジとの説があり確かめると、「俺じゃなか。ヒデノリじゃんかか（ヒデノリではないか）」と全面否定します。ヒデノリの父親はアサヒガニ漁で名の知れた塰泊浦の漁師でした。トビウオ漁のころはブト（テングサ）取りもあり、家族ぐるみで馬毛島に行きます。そのときオカヤドカリを大小たくさん捕まえて持ち帰ったのではないかというのです。ところが、彼は若くして亡くなっており、もう本人には確かめようがありません。

主人公の特定は難しいのですが、今も語りぐさの話です。

絶滅危惧種

カバマダラ舞う唐綿の花の辺に姫野牡丹は紫咲かす

ヒメノボタンはノボタン科の多年草で、環境省のレッドリストでは絶滅危惧Ⅱ類（ＶＵ）に挙げられています。

馬毛島で初めてヒメノボタンを見たのは、二〇一二年八月の初めでした。このときは、西海岸の大平瀬という岬の岩場に瀬渡し船で上陸しました。七月に場所がわからなかった「若殿の石塔」を必ず探しあてたいと思っていました。滞在時間が限られているので、西海岸の砂丘付近にあるという石塔探しは朝方の方がいいと思い、上陸当日は馬毛島小中学校跡に行き、翌朝の時間帯を石塔探索にあてることにしました。東海岸に近い学校跡は、大平瀬からの最短距離をとると、島の中央部を横断することになります。造成された「南北路」をはさんで南東にあります。

ここで注意が必要なのは、かつては自由に歩けた馬毛島が最近、かなり不自由になっていることです。島の九九％が一企業とその関係者の私有地になっていて、たとえば、公共の市有地である葉山港の岸壁に降り立つと、それ以上は進むことを企業側に止められてしまいます。市有地である学校用地に市の職員ですら近づけない状況が続いているのです。市道の敷地も市の土地ではなく私有地になっているという、行政にも市民にも不本意な事態は、三〇年近く前、道路用地売却の手続きに、県が間に入り、市から国に返還処理されたことが大きな要因になっています。

立ち入りを制限される状態が一〇年以上続いたことにより、潮干狩りやキャンプに行きたいという人だけでなく、昔住んでいた人や、土地を手放さずに所有している人たちが今の様子を確かめようと思っても、簡単には行けなくなり、現状を知ることが難しいのです。

ただ、この状況下でも出入りする人たちはいます。大地主が誘致を表明した米軍訓練に反対しない人たちや、瀬渡し船で釣りや潮干狩りに上陸し、海岸だけで行動する人たちです。前者の多くは土地買収に協力した人たちであり、後者は純粋に磯遊びを目的にした人たちです。満潮時に水没し干潮時には陸地となる「潮間帯」は一般的には国有地ですから、通常は立ち入りを禁じることができません。だから、潮干狩りで海岸伝いに移動することは、自由にできます。

ところで、馬毛島に長さ四二〇〇メートルの南北路と二四〇〇メートルの東西路を造成するにいたる一連の開発が始まったのは、二〇〇〇（平成十二）年からです。最初は東海岸の「採石」さらに「場外離着陸場設置」（ヘリポート建設）、「土石採掘及び農地造成」の名目で、広範囲の森林伐採がなされました。鹿児島県が伐採届を受理したのは二〇〇二年七月以降、二〇〇七年五月までに一二回にわたりました。宣伝される四千メートル級、二千メートル級の「滑走路」建設に必要な各種の届け出はなされず、一連の林地開発工事は森林法違反などの違法工事の疑いから、鹿児島県が現地調査に入りました。そして、工事は二〇一一年秋にストップしています。

話をヒメノボタンに戻します。一二年八月のぼくの上陸地点である大平瀬からすぐ小高い丘が立ち上がり、灯台のある北方の上ノ岬も、南にある下ノの岬も見渡せます。東シナ海に突き出た大平瀬の岩場は、釣りには格好のポイントのようです。渡島を重ねるうちに、振り出し竿を持った釣り人を見かけました。岩がゴツゴツ飛び出た斜面の先に、細長い小道が東へ延びていました。両側を植物の茂みにはさまれていて、自動車が通った轍をうかがわせるように道の中央部分より両端がやや低くなっているようでした。前方の道中央にポツンと赤いものが見えました。小さな花でした。緑色が支配的な視界の中で、四枚の花弁のくっきりとした輪郭と鮮やかな赤紫の色が目にしみました。

これがヒメノボタンとの初めての出会いでした。ただ、このときは花の名前を知りませんでした。絶滅危惧種であることももちろんです。

ヒメノボタンの次に馬毛島で印象に残った花は、トウワタ（唐綿、キョウチクトウ科）です。トウワタの花はにぎやかで、茎先に幾つもの小さな花をつけます。花の色は、赤と黄のツートンカラー。赤い五枚の花びらが後ろに反り、その中央に五枚の黄色い花びらが冠状に突き出しています。

種子島に帰ってから、馬毛島で見た蝶や花について、動植物に詳しい尾形之善さんに尋ねました。勤めておられる鉄砲館（種子島開発総合センター）で写真を見てもらいました。

「ヒメノボタンだね。絶滅危惧種ですよ」

「トウワタは、カバマダラが食草にしています」

食草とは、もう少しくわしくいうと、卵からかえったカバマダラの幼虫が若葉を食べるのだそうです。そう聞いてから、次から馬毛島に渡るとカバマダラに会わないものかと周囲に注意するようになりました。

カバマダラはタテハチョウ科の昆虫です。毒性のあるトウワタの葉を食べて育ち、成虫になっても、幼虫のときに体内に蓄えた有毒成分を残しており、捕食者となる鳥などに食べられないように身を守っているといわれます。たとえ一度食べられることがあっても、毒の害があったり、不味かったりするのを覚えられて、二度目の災難が回避できるということなのでしょう。

羽の大半が樺色で、黒い縁の部分や頭部の白い斑模様とのコントラストが鮮やかです。樺色の部分には黒い斑点があります。カバマダラを見かける前に、やはりタテハチョウ科のツマグロヒョウモンもカヤの生い茂る草原で見かけました。この蝶も捕食されないように、カバマダラの擬態をしているそうで、雌はとくにカバマダラそっくりです。

馬毛島でカバマダラを見たのは、二〇一三年八月末でした。島の南部をヒラヒラと飛んでいました。

止まったのはトウワタの若木です。トウワタのごく近くにヒメノボタンが咲いていました。カバマダラは葉の先に止まると同時に羽を閉じ、白い斑点をなかなか見せません。何とか羽を開いた瞬間をとらえようとカメラは振り回すし、相手が逃げ回ってひとところにいないので、高速シャッターを切ってもピントが合わず、画像はぶれてばかりです。写真集で紹介される蝶や鳥の鮮明な画像を見る度に、写真家の技量と努力に心から敬服します。やっとの思いで撮った写真を尾形さんに見せました。

「カバマダラのメスですね。黒い斑点を比べると、オスには性斑というのがあって見分けられるんですよ」

と、図鑑を手に即座に教えてくれたものです。

二〇一五（平成二十七）年四月の週末に潮干狩りの瀬渡し船に乗って渡島したときは、上ノ岬近くにイワタイゲキ（岩大戟）の群落が黄色い花をいっぱいに咲かせていました。種子島でも海岸の岩場で見かける植物ですが、のびのびと広がる馬毛島の群落は、ヒメノボタンやトウワタにもまして圧倒的な存在感があります。

鹿駈ける丘の小道に凜と咲くヒメノボタンに会うぞうれしき

ＦＣＬＰ

石油基地スペースシャトルも幻に開拓農家の離島甲斐なし

馬毛島を歩いて、開拓農家の名残に初めてふれたのは、南部の廃墟でした。コンクリートブロックの建物は屋根が落ちて、ガジュマルなどの低木が屋内に入り込んで密生していました。そんな廃屋の隅に、褐色のビールの空き瓶が転がっていました。割れた陶器の茶碗もありました。鉄の骨だけになった小型自動車、耕耘機のタイヤ、石臼もありました。

馬毛島に開拓農民が入植を始めたのは先の大戦が終わってからのことです。農地解放と、復員者対策だったといわれます。「西之表市年表」に入植戸数を拾うと次の記載があります。

一九五一（昭和二十六）年　三十九戸
一九五二（同二十七）年　十五戸
一九五四（同二十九）年　二十八戸
一九五五（同三十）年　十五戸

馬毛島、種子島の人口の推移

年	馬毛島	種子島（１市２町）
１９６０	522	64,532
６５	382	60,130
７０	287	50,920
７５	186	46,359
８０	0	44,154
２０１５	0	30,574

単位：人

入植者たちは一区、二区、三区、四区と島の中央部付近から徐々に南へ耕作地を広げていきました。最盛期の一九五九年には一一三世帯、五二八人に達しています。

国勢調査人口をみると、一市二町からなる種子島の人口は一九六〇（昭和三十五）年には六万四五三二人（西之表市三万二六四五人、中種子町一万九三二一人、南種子町一万二五六六人）でした。これをピークに人口は減少の一途をたどり、二〇一五年五月末現在、三万人台をかろうじて保っています（西之表市一万六二六三人、中種子町八三九二人、南種子町五九一九人、計三万〇五七四人）。

入植当初は陸稲、甘藷（サツマイモ）栽培を主にして順調でしたが、干害やアリモドキゾウムシの発生に見舞われて甘藷栽培をやめ、主幹作物は甘蔗（サトウキビ）に切り替えられました。製糖工場が一九六二（昭和三十七）年にできました。その三年後には北海道酪農短大を卒業した若者たちが入植しホルスタイン牛の牧場経営を始めました。

一方、馬毛島・葉山港と西之表港とを結ぶ定期航路（一日二往復）が一九六三（昭和三十八）年に開設され馬毛島丸（一九トン）が就航します。翌年には葉山港岸壁が完成、島内道路建設も着々と進んでいきました。

分校からスタートした小中学校が独立し、郵便局、雑貨店、民宿なども軒を出してにぎやかになる中で、農業の不振から出稼ぎ者や島を離れる人も出て、人口は次第に減りました。電気は自家発電、飲み水は井戸を使いました。

そして一九七〇年代に入って、レジャー施設など大規模開発を掲げた土地買収が始まりました。住民がこぞって島を離れるきっかけとなったのは、石油備蓄基地の誘致でした。しかし、誘致合戦に敗れたあと、島の「漂流」が始まりました。

自衛隊のレーダー施設、宇宙往還機(日本版スペースシャトル)の着陸場、使用済み核燃料貯蔵施設、ハブ空港、米軍普天間飛行場の移設候補地、そして最後に米空母艦載機離着陸訓練（ＦＣＬＰ）の候補地となって今にいたっています。

ＦＣＬＰ（Field Carrier Landing Practice）とは、米空母艦載機部隊の離着陸訓練のことです。陸上の滑走路の一部を空母の甲板に見立てて、タッチ・アンド・ゴーを繰り返す離着陸訓練で、とくに夜間に実施するのをＮＬＰ（Night Landing Practice）と呼んでいます。神奈川県横須賀市の横須賀港を母港とする航空母艦ジョージ・ワシントンの艦載機部隊である第五空母航空団の陸上基地は厚木飛行場で同県綾瀬、海老名、大和の各市にまたがっています。戦前は日本海軍厚木飛行場であり、連合国軍最高司令官のダグラス・マッカーサー元帥が降り立って占領政策に踏み出したところです。空母ジョージ・ワシントンは米海軍最強の第七艦隊に所属し、日本では初めて配備された原子力空母です。ハワイ・ホノルルに司令部を置く太平洋艦隊の指揮下にあります。

馬毛島のFCLP施設建設計画に対し、種子島など地元住民が反対するなかで、馬毛島が候補地になった理由と、防衛省による騒音予測図の問題点と意図、地元住民が認識する「被害」意識の成り立ちについて考察した論文があります。筆者は愛媛大学法文学部准教授の朝井志歩さんです。

論文では、防衛省が提示した騒音予測図は、航空機騒音の国際的評価単位であるWECPNL(Weighted Equivalent Continuous Perceived Noise Level ＝加重等価平均感覚騒音レベル、W値)を使わず、dB(デシベル)で航空機騒音コンター(等高線)が示されていることを問題視しています。

「航空機騒音コンターは、ICAO(国際民間航空機構)の定めたWECPNLで示すものであり、厚木基地を始めとする米軍飛行場周辺での騒音のコンターはWECPNLで表示され、WECPNL75以上の区域が騒音被害区域として扱われ、生活環境整備法に基づく住宅防音工事の助成対象となっている」

次なる問題点として、実際に米軍機による飛行実験をしていないのに騒音の予想図を提示していること、さらに、馬毛島に造られた「滑走路」の方向と防衛省の示した騒音予測図での飛行経路が合っていないことを挙げています。

「航空機の離着陸では横風が危険であり、そのため飛行場の滑走路はその地域の年間の風向きを考慮して造られる。種子島空港の滑走路が西北西から東南東に延びる向きであることから、種子島から12キロしか離れていない馬毛島でも同様の向きで航空機の離発着を行う必要があるといえる。そのため、騒音予測図は東西の方の滑走路を使用することを想定して作成すべきであり、この図はその点が厳密に考えられていない」

そうして、厚木基地周辺でのＷＥＣＰＮＬ75以上の騒音コンターを馬毛島周辺に当てはめた図を作成して、論考を進めます。

論文は「防衛省が示した騒音予測図は、種子島に騒音の範囲がかからないように作為的に線を引いたものとみなすことができる」としたうえで、客観的な計測に基づかない図を説明会で使用したことについて、「客観的指標に基づくものですらない騒音予測図を、あたかも科学的データであるかのように装って使用することで、騒音という被害が発生しないかのような言説を広め、ＦＣＬＰ施設建設受け入れへと種子島と屋久島の世論を誘導しようという国の姿勢は、非難されるべきものであろう」

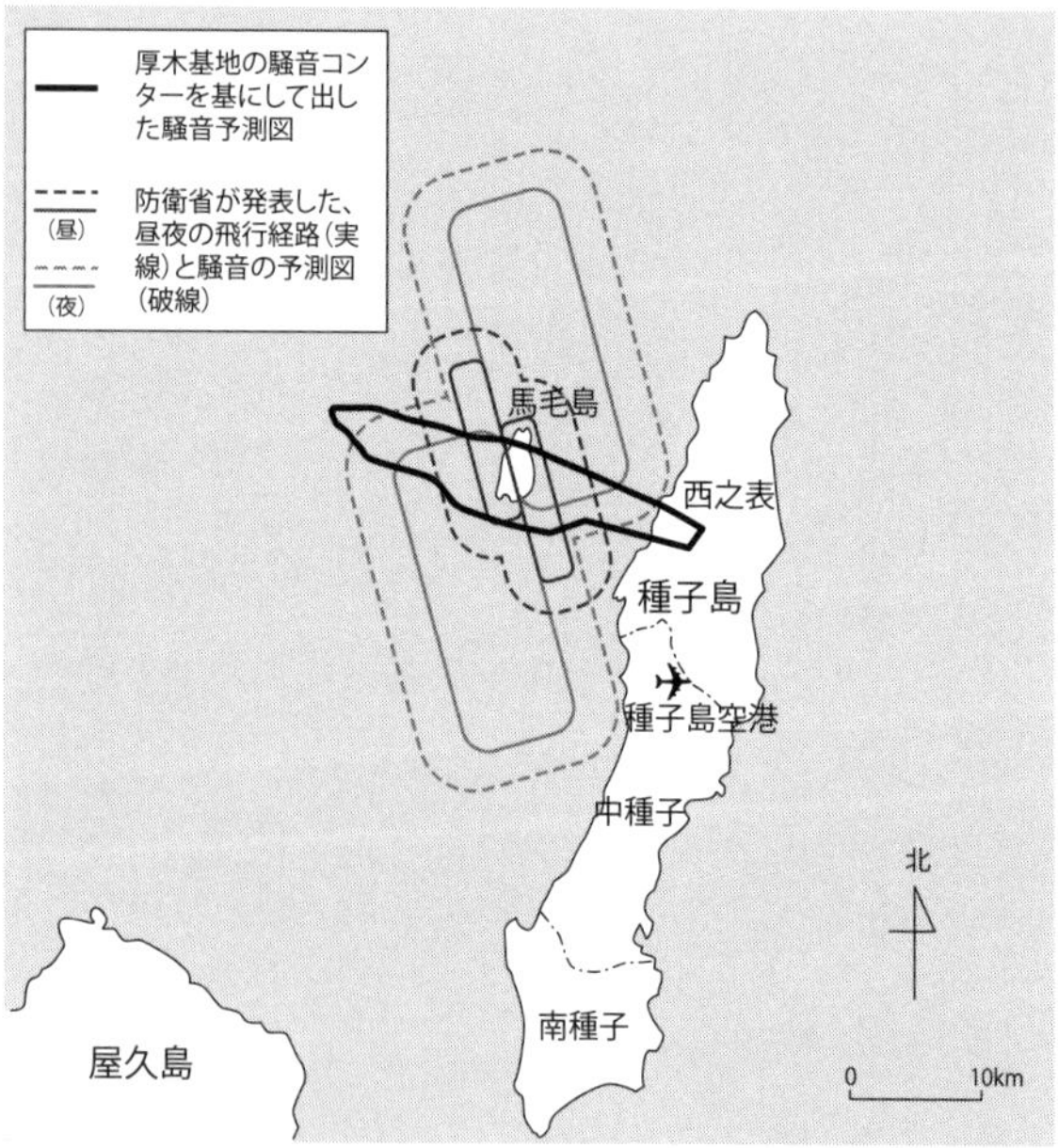

厚木基地の騒音コンターを馬毛島に当てはめた騒音予測図

と述べています。どこか不自然な騒音予測図から防衛省の意図にまで踏み込み、明解に指摘しているのがこの論文の核心だと思います。厚木基地の騒音コンターは、神奈川県基地対策課が住宅防音工事に対する補助金について説明するために作成したものです。

論文はまた、周辺の住民が馬毛島で持ち上がった問題に関心を持ち、自然環境破壊や漁業被害を「地元の問題」として受け止めている理由を論じています。種子島と屋久島の住民への聞き取り調査により、種子島・馬毛島・屋久島・口永良部島からなる「熊毛地区」の意識にふれます。

「馬毛島を中心とする熊毛海域では、鎌倉時代からトビウオ漁が盛んであり、漁期になると種子島の西部海岸に位置する漁業集落も漁場利用が許可され、馬毛島の海岸近くに漁師たちが季節移住してにぎわったという。また、馬毛島が無人島になる以前は馬毛島の住民であった人とその子どもたちが、現在は種子島の住民として生活しているなど、ルーツとして馬毛島との関わりが存在する」

「現在は無人島ではあるものの、種子島と屋久島の住民は馬毛島との関わりやつながりを感じ、一体化した地域としての『地元』という概念に馬毛島を含み込んで認識しているといえる」

この「ルーツとして馬毛島との関わりが存在する」という指摘も、第三者の客観的な視点として新鮮に響きます。

潮間帯

廃墟立つ無人島にも市道あり「馬毛島1号」夾竹桃咲く

西之表市の市道が馬毛島には三路線あります。最も長い馬毛島1号は、島の北東部にある葉山港から南へ、小中学校前を通ったあと、西に折れて島の最高地、岳之腰へと延びています。ほかに2号と3号があり、総延長は六・一八キロです。

この市道は、もとは農地解放で国が地主から買い取って水路と共に整備したものです。整備した後は、市に無償譲渡しました。一九七〇（昭和四十五）年に道路法上の市道となりましたが、無人島になったため八六年、国に返還されました。

市はその年のうちに国に買い受け予約をし、道路と水路合わせて一三・六ヘクタール（一三十筆）の土地を無償同然の三四〇五円で買い取ることにしていました。ところが、手続き完了直前の八七年三月に辞退しました。辞退の理由は「農業用の利用計画が立てられなかった」というものでした。辞退した後、代金三四〇五円が返却されたそうです。後に、二〇〇八（平成二十）年になって市議会の一般質問でこの手続きが問題になりました。簡単にいえば、質問は、大事な土地処分を議会の承認を得ないでやったのではないかという趣旨でした。これに対する市の答弁は、小額物件なので議会にはかる必要はなかったというもので、それ以上の追及はなされませんでした。

この問題は、地元では市政の失策とみる意見が根強いようです。「利用計画は何とかできたのではないか」と。しかし、そう単純ではなさそうです。もっと大きな意思が背後にあるように思われます。

市が道路用地の買い受けを辞退してから十二年後、国は開発会社に売り払いました。その手続きは、鹿児島県が会社を丁寧に指導しながら完了しています。また、県は宇宙往還機（日本版スペースシャトル）着陸場の誘致を熱心に進め、その旗を降ろしていません。九五年には誘致に備えた覚書を開発会社と交わしています。

一方、国はどうかといえば、九九年の国有地売却のとき、道路・水路とは別に、岳之腰周辺と山林の二筆計四千平方メートルも加えて、合計一四ヘクタール（二百十二筆）を会社に売り払っています。開発会社が大規模工事に踏み切ることができたのは、網の目のような道路用地の所有権を得ることができたからです。

市の立場からみると、道路を国に返還した時点で、市道は国有地になりましたが、このとき、市道の通行が民間に制限されたり、学校用地などが袋地になって市職員すら通行制限を受けたりする現在の事態を予想したでしょうか。返還から十二年を経たのちの売却について、国は地元市の意向を事前に再確認したのかどうか。このころ、市は、開発会社から市有地の保安林や学校用地の払い下げ申請を受け、払い下げはしないと回答しています。開発会社の採石事業に漁協が反対している時期でした。こうした馬毛島利用の混迷が深まり、地元自治体が苦悩している中で、国の作為、あるいは不作為からなる一連の措置はフェアではありません。

開発会社への道路用地売却にいたる構図をみると、県は、市の取得辞退と、その後の国による売却を仲介し、国は県と同等以上に協力的といえます。馬毛島の土地利用をめぐる迷走、とくに十字路造成に到る経過については、県と国は、市に倍する責任があるように思われます。

何はともあれ、一九七〇年代から土地買収を進めていた開発会社「馬毛島開発」（現・「タストンエアポート」社）の経営権は、銀行（平和相互銀行、住友銀行）系列の会社から九五年に建設会社に移り、九九年、道路・水路用地と腰之岳周辺などが開発会社に売り払われました。売り払い額は一三四〇万円でした。この所有権移転を機に堰を切ったように、飛行場建設をめざす一連の開発工事が始まりました。

馬毛島全体の面積八二〇ヘクタールのうち、開発会社やその関係者の所有地は九九％を占めています。逆に言えば、買収されていない土地が約六ヘクタールあり、主なものは、市有地である葉山港の港湾施設と馬毛島小中学校跡地、国有地である神社境内、土地買収に応じていない屋敷・農地跡、漁業に携わる人々の「浦共有地」などがあります。

公道は本来、だれでも自由に往来できるはずです。ところが、市道が私有地になったために、公共の港に上陸しても、その先の通行に制限が加えられるようになったのです。開発工事が始まったころから、海への土砂流出による漁業被害や自然破壊を懸念する地元住民と大地主との対立が生まれて訴訟になり、通行制限が厳しくなりました。

米軍の誘致を表明したこともある大地主は、空からは「滑走路」のように見える十字路を造成しました。巨費を投じての大工事は、長年、利用が決まらない「馬毛島の漂流」に何とか終止符を打とうとした大博打でしょう。現状打破を試みる具体的な企業活動でした。しかし、無人島の馬毛島は米軍が移駐したがるような土地ではありません。訓練施設用に飛行場建設を図る防衛省の買収資金も大地主の希望額には届かないようです。

そんなところへ、種子島にひょっこり舞い戻ったぼくは何かいい打開策はないものかと思いました。それにはまず現地を知らなければなりません。何を今さらと言われそうですが、馬毛島に渡らずにはいられなくなり、「潮間帯」に気がつきました。

満潮時には海に隠れるけれど潮が引くと陸地になる「潮間帯」は一般には国有地です。私有権が及ばないので、釣り人や潮干狩りなどだれでも自由に出入りできます。海岸にたどりついたら、市道をたどって島内を見ることは可能なはずです。二〇一一年四月に初めて日帰りで下見をし、二回目の二〇一二年七月には、サンゴの石垣がある漁師小屋跡付近で野宿をしました。帰りは海岸を歩いて葉山港までたどり着き迎えの船を待っていましたが、日差しが強いので細長い木陰に寝そべっていると、四輪駆動車を降りた男性たちが近づいてきました。

「ここはシユウチだから立ち入り禁止です。出てください。警察に一一〇番通報します」

そう言いながら、携帯電話についているカメラでぼくを撮っていました。

追い払われるようにして市有地の岸壁に歩いていくと、タイミングよく迎えの船が来たので跳び乗って帰りました。そんなことを経験したし、無用の争いは避けたいので、以後、島に渡っても目立たないように心掛けました。

間隔を置きつつ渡島を繰り返したので、まがりなりにも島の四季を見ることができました。ぼくが見たことを人に話すと、知らない人が多いのです。おだてられ、勧められて写真展を開こうと思い立ち、大地主には断っておくべきだと考えて手紙を書くことにしました。


拝啓　お元気でお過ごしのことと拝察します。

さて、元新聞記者の私は一昨年夏、T様に馬毛島の件で取材し、記事に致しました。その後、新聞社を退職し、近く馬毛島の写真展を開くにあたり、最大の土地所有者であるT様に、お知らせとお願いを申し上げたく、この手紙を書いております。

出展作品は、馬毛島の自然、学校、集落、農地跡、道路などの近況です。馬毛島の属する種子島の人々らの渡島が、極めて難しい状況にある今、島の様子を伝える意義は小さくないと思いました。

撮影して驚いたのは、島民が去って三〇年以上の歳月を経たにもかかわらず、学校の校庭が芝刈り機を使ったように整えられ、校舎内部も荒れていないこと、農地跡も草木の繁茂による荒廃が進んでいないことでした。

理由は、すぐ推測できました。

マゲシカが農地や校庭の草という草をくまなく食べ続けています。そして、残っている防風林が農地や校舎を守っているのです。

標高七一メートルの岳之腰から緩やかに広がる丘は、水を豊かにたくわえ、動植物を養っています。開発の及んでいない草原はマゲシカが群れる別天地です。亜熱帯の森を含め、世界遺産・屋久島の原生林にも似た貴重な自然かと思われます。また、日本海軍の建てたトーチカは、近年、日本各地で保存の動きが進んでいる戦争遺産の一つでありましょう。

最大の土地所有者であるT様が長年、土地の活用に苦心され、マゲシカを愛し餌も与えておられたとうかがい、種子島住民の一人としてあらためて敬意を表します。

一方、わずかに残された森さえも消滅させかねない防衛省の滑走路建設計画より、数段よい利用方法があるとも思っております。

そこでお願いは、自然が躍動する春、島の現状をさらにきちんと記録するため、葉山港の出入港及び市道の通行等に際して、ご配慮をいただきたいのです。日時はお返事をいただいてからご相談したいと思います。

ご参考として、昨夏以降に撮影した写真の一部を同封します。

末筆ながら、ご事業のますますの発展と、皆様のご健勝を心より祈念申し上げます。

敬具

平成二十五年二月

八板　俊輔拝

T様

この手紙に対して、丁重な返事が届きました。和紙の巻紙に毛筆による達筆でした。内容は概略、次のようなものです。

一、馬毛島入島のお願いの件は、地元の方々の心情を考えると、お断りする

一、入島は厳禁しており、入島者は警察に通報するシステムになっている

結局、取材への協力は得られず、船で接近してカヤックで接岸する方法で、五月の連休に長めの滞在をしました。このことは次章「漂着」で詳しく書くことにします。

(前掲の手紙でふれた、野生のマゲシカに餌を与えることについては、好ましくないとの見方もありますが、えさ不足を案じてのことでもあり、あえて批判はしません)

テンイヒョウメン

開発に露わとなりし馬毛島の地肌穿ちて十字路白し

馬毛島の開発は、二〇〇〇年ころから始まりました。最初は採石、次にヘリポート建設と小刻みでしたが、次第に規模が拡大しました。

馬毛島は北に尖った三角形で、底辺の長さが二・五キロ、高さ四・五キロの細長い形です。海抜七一メートルの岳之腰の少し南は東西三キロの幅があり、ややずんぐりしています。この島の南北に四二〇〇メートル、東西に二四〇〇メートルの「滑走路」が造られました。

飛行機から見た十字路に初めて足を踏み入れたのは二〇一二年四月です。潮干狩りで葉山港から上陸し、西海岸から東海岸の市道に向けて帰る途中、南北路を横断しました。東西路は二〇一三年一月、学校の様子を詳しく見ようと出かけたときに近くを通りました。上空から見たときにも感じていたことですが、十字路の交差点に近いあたりが、切り立った崖にはさまれているのに違和感を覚えました。

「こんな所を飛行機が離着陸するんだろうか」

漠然とした不審が頭をもたげました。

この疑念のもやが晴れたのは、それから二カ月後のことです。

沖縄の那覇市にある居酒屋「うりずん」のカウンターで隣り合わせた男性が、ＡＮＡ（全日本空輸）のパイロットでした。彼も旅客機の操縦席から馬毛島の十字路を見ていました。ぼくは、馬毛島の十字路が丘を削った切り通しになっていて崖の高さは一〇メートルほどあると彼に話したのです。すると彼は即座に言いました。

「テンイヒョウメンがとれていませんね、それは」

「テンイヒョウメン？」

「引っ越しの移転をひっくり返したテンイに、裏表のヒョウメン。飛行機が着陸態勢に入った後、機長が何らかの異常を判断して、着陸を中断する場合がありうるんですよ。旋回して再上昇するときに、左右に障害物があったら危険でしょう。だから、ある程度の勾配のある見えない平面を想定して、それより上に物があったらいけないんです。転移表面は、航空法で決められてます」

目を丸くしているぼくがメモ帳を差し出すと、パイロット氏は滑走路周辺の断面図を描いて、丁寧に説明してくれました。

「なるほど。それで、転移表面の勾配って何度くらいですか」

「確か、七分の一だったはずです」

「転移表面」は航空用語で、航空機が安全に離着陸できる空間を設けるための「制限表面」の一つです。制限表面は、空港周辺を建物や立木などの障害物のない空間にするねらいで、転移表面のほかに進入表面、水平表面などがあります。

航空法は、空港の大きさに応じて転移表面の勾配や長さを決めており、例えば、二千メートル滑走路（幅四五メートル）をもつ種子島空港の場合、滑走路を含む着陸帯（長さ二一二〇メートル、幅三百メートル）の左右に七分の一の勾配で転移表面が設けられています。

馬毛島も、たとえば二千メートルの滑走路をつくる場合、着陸帯の端からの距離の七分の一の高さを超えないように、高地は削り、樹木があれば伐らなければなりません。

逆にいえば一〇メートルの高さの物体は着陸帯から七〇メートル以上離れなければならないのです。

ところが、馬毛島では「滑走路」と呼ぶ路面に接して一〇メートルほどの崖がはだかっています。

滑走路を正式に建設するとすれば、十字路周辺の崖をすっかり取り払わなければならないだけでなく、島の最高地である岳之腰（七一メートル）や頂上にあるトーチカも取り除かねばならないはずです。

GPS（全地球測位システム）によると、現在の十字路は海抜三〇メートルほどの平面に整地されています。トーチカ最上部との高低差を四五メートルとして、着陸帯の端から七分の一の勾配をとる距離は三一五メートルです。着陸帯の幅を三百メートルとすると、岳之腰頂上に立つトーチカが「滑走路」の中心線から四六五メートルの範囲より外になければなりません。しかし、東西路も南北路もその距離はとれていません。

十字路を造成した目的は、馬毛島に二千メートル級や四千メートル級の路面づくりが可能であることをアピールすることだったのでしょう。

「お、いい滑走路ができてるじゃん」

米軍や自衛隊のパイロットにそう思わせる効果はあったかもしれません。

ただ、実際に飛行場ができるとしたら、おそらくこの形にはならないでしょう。

先に紹介した朝井志歩さんが指摘しているように、飛行機は離着陸時に風の影響を受けやすいので、滑走路の向きが重要です。現在の十字路の向きはそのままでは使えず、変更する工事が必要になるはずです。滑走路の向きは通常、離着陸する飛行機が向かい風を受けるように設計されています。それには年間を通して最も多い風向きに合わせねばなりません。現在の南北路は、最も長く滑走路がとれる位置と角度に造成されているようです。むしろ、「風よけ」として予備扱いされている東西路が実際的な向きに近いと思われます。

これに対し、防衛省が訓練施設の建設に向けて作成した説明資料では、滑走路の北端が現在の「南北路」より西寄りに傾いています。この角度は、騒音の影響が小さくなるように線を引いたことが疑われます。風向きを考慮すれば、朝井さんも指摘するように「東西路」に近い角度になるはずです。

二〇一三年五月七日、日の出前に「馬毛島はこれが見納め」と岳之腰に向かう途中、東西路を通りました。西海岸の斜面を登り、やがて東西路の西端に出ました。前方に若いオス一頭を含む五頭の鹿がいます。ぼくに気がついた鹿たちは逃げだしました。むやみに脅かさないように、ゆっくり歩き

岳之腰に立つトーチカ

ます。夜明け直後の冷気の中で、乾いた土の匂いがしました。匂いは、二キロ以上先まで平らにならされた褐色の路面から吐き出されています。凹字形をした道の奥に小さな嵌め絵のように、水色の種子島がのぞいていました。種子島が少しずつ持ち上がり、手前の海峡が細く見えてきます。歩くほどに靴底に石塊のゴツゴツした感触が伝わります。南北路との交差点の手前右手に鹿がたむろしていました。「さっきの連中かな」と様子をうかがいながら百メートルほどに近づいたとき、突然、東西路を横断するように走り出しました。メス鹿が四頭、そびえ立つ岩石の壁が少し崩れて傾斜の緩そうな部分を一気に駆け上がりました。「この崖をご覧なさい」とでもいうように。鹿が岳之腰方向へ去ったあとには、冷気のよどみが戻っていました。

沖縄

石塊の堤の上に鼻をすり草の芽さがす牡鹿が一頭

「転移表面」の話を聞いたときにぼくが沖縄にいたのは、「マゲシマ」と題した写真展を沖縄県南風《はえ》原《ばる》町の町立南風原文化センターで開くためでした。二〇一三年の三月末から二週間ほど滞在していました。

沖縄で写真展を開いた理由はこうです。

沖縄には一九八九（平成元）年四月から一年半、勤務したことがありました。福岡の社会部に転勤してからも、取材で度々訪れました。

記事にした人物の中に平敷兼七という写真家がいました。平敷さんが写真集『山羊の肺』を出版したときに紹介記事を書いたのが縁で、親しくなりました。平敷さんは東京、大阪のニコンサロンで本と同タイトルの写真展を開き、二〇〇八年、伊奈信男賞を受賞します。一流の写真家として中央で認められたのに、平敷さんは翌年十月、急死してしまいます。まだ六十一歳の若さでした。

平敷さんの最後の仕事は、南風原でした。沖縄戦のとき負傷者を収容した陸軍南風原病院壕のガマ（洞窟）の撮影です。この戦跡に建てられたのが南風原文化センターです。

平敷兼七さん＝２００８年5月、東京・銀座で

平敷さんの最後の仕事を共にした後輩写真家、伊禮若奈さんが平敷さん追悼の意味をこめ、一周忌にあたる二〇一〇年秋に同センターで写真展「母になった記憶」を開きました。その記事を書いたときは、まさか自分もここで写真展を開くことになるとは夢にも思いませんでした。

二〇一二年の七月以降、馬毛島に渡って撮った写真は二千コマ以上になっていました。

マゲシカを代表とする貴重な動植物、一時は五百人を超えた開拓農民家族の生活の跡、子どもたちが学んだ学校校舎と都会から「無人島キャンプ」に訪れた記録、トビウオ漁の季節移住のために種子島の漁師たちが小屋を築いたいくつもの漁業基地跡、中世以降の領主種子島家ゆかりの石塔、弥生人の埋葬遺跡、先の大戦中に日本海軍が造営したトーチカ。さまざまな顔をもつ馬毛島の現況をどうしたらうまく伝えられるのか。わかりやすいのは、視覚に訴える写真展ではないかと考えました。

平敷さんと親しかった写真家の一人、平良淳さんは浦添市で「ラット&シープ」というレストランを経営しています。四切やA4サイズに伸ばした馬毛島の写真のアルバムを平良さんに見てもらいました。たまたま、平敷さんの友人で琉球新報の写真部編集委員だったクニシ・カゾー（國吉和夫）さんが居合わせたので、彼にも見てもらいました。

そのうちの一枚、土盛りの堤を歩くマゲシカの小さなシルエットの写真を見て、國吉さんが言います。

「これなんか、象徴的な主張があるさ。で、何枚くらい撮ったの」

「二千枚はあると思います」

「アッキサミヨー（ええっ！）、写真展は十分できるよ。ぜひやりなさい」

多分に社交辞令もありましたが、やる気にさせるには十分すぎるプロの励ましでした。

「写真展やるなら、絶対沖縄でもね」

平良さんがそう言ってくれたのは、馬毛島が普天間飛行場移設にからんで名が挙がったことを覚えていたからです。

二〇一〇年、民主党政権の時、鳩山由紀夫首相が移設先について「最低でも県外」と言った後、徳之島とともに候補地とされたので、沖縄でも多くの人々が馬毛島の地名を記憶にとどめているのです。

新聞社でぼくはカメラが専門ではなかったけれど、撮るのは好きな方でした。

西之表市のスーパー「サンシード」では、無料で会場を貸してくれ、二〇一三年三月に写真展を開くことができました。その展示を終えて沖縄に来ていたのです。

沖縄で写真展を開いた理由は、もう一つありました。馬毛島に米軍の訓練を移転させることを沖縄の人たちがどう考えるかが知りたかったのです。

戦後七〇年の二〇一五年、日本の国土面積の一パーセントに満たない沖縄に、日本にある米軍基地の七割以上が集中しています。一九五二年、サンフランシスコ講和条約により、日本は独立を果たしました。代わりに、日米安全保障条約によって米軍への基地提供を続けます。新憲法で軍隊をもたないことにした日本ではその後、自衛隊が増強される一方、米軍基地の被害に対する国民の不満が高まり、米軍基地が続々と沖縄に移転しました。基地被害は軍用機の事故、刑事・交通事件、騒音、環境汚染など多様です。沖縄には陸軍・海軍・空軍・海兵隊の四軍の基地がふくらみ、日本復帰の一九七二年、国民が安全保障の恩恵を受け、基地被害を沖縄に集中させる構図が定着しました。

在日米軍再編計画の中で、馬毛島のＦＣＬＰ基地建設は沖縄の基地負担軽減につながります。

「普天間の移設先に丁度よさそうだ」

写真展に来場し、そう語る人がいました。しかし、島の自然、人間との関わりを見るにつれて変わりました。

「単なる無人島じゃないんだね」

ＦＣＬＰは、国土の広い米国でも騒音被害から反対が多く、訓練施設確保が困難な状況が続いています。これまで米国は軍事基地を多く海外に求めてきました。米国にとって同盟国日本は太平洋のかなたにあります。同様に日本にとっては、沖縄も馬毛島などの南西諸島も僻遠の地です。グローバル社会の安全保障は、辺境の連鎖で成り立っています。

沖縄の写真展に寄せられた来場者の感想文を二つ紹介します。

「なんとなく沖縄に似た風景もあり、行ったことはないのになつかしい気持ちになりました。２８０頭しかいないといわれるマゲシカ、開発が進んで彼らの住む所や食べ物が少なくなっていくのは残酷だと思いました。みどり色の草が少し生えてきている盛り土の写真を見て嬉しくなりました」

「沖縄本島から遠く離れた馬毛島。昔、この不自由な島で人々は一体どのような暮しを営んでいたのだろうか。人間らしい生活を獲得するために、島民はどのような知恵を傾け、この島に挑戦しつづけたのか……無人島となって今はさびれてしまった土地、忘れられた島!! それでも忘れ難き場所、故郷である。なつかしく、いとおしく思い出される場所があるなんてステキなことだと思います」

胎　児

春待たず野に晒されし母鹿の宿す頭骨夏の陽を浴ぶ

二〇一三年五月、マゲシカの新しい死体を数体見ました。そのうちの一頭が島南部の道の脇に斃れていました。同じ場所を八月末に訪れたところ、見事に白骨化していました。頭、胸、脊椎、骨盤、四肢の白い骨は、ほぼもとの位置にありました。そして、骨盤に抱かれるように小さな頭や脚の骨がありました。生まれなかった胎児のものでした。

母鹿の上下の歯がほとんど歯茎に近いところまで擦り切れていました。メスのマゲシカは寿命一二～一四歳といわれるなかで、この母鹿はせいぜい七～八歳とみられます。歯の異常な摩滅は、緑地減少による食料不足が長期間続き、砂や泥なども一緒に噛んだせいだろうと、マゲシカの研究者、立澤史郎さんは話しています。

立澤さんは、京都大学の学生時代から馬毛島に渡って調査をしてきた人で北海道大学大学院助教を務めています。五月に死体をたくさん見たという話を聞いて、現地を確かめたいというので、ぼくが案内役を務めました。

歯が上下とも摩滅した母鹿の頭骨

もう一頭のメスは、西海岸の川原の近くに座り込んでいました。やはりこの年の五月です。下半身のどこかを負傷しているのかなと思いました。翌々日の朝、同じ場所に行くと、息絶えていました。うなだれた首を大きな石の上にのせ、閉じたまぶたや鼻孔、口元にハエが群がっていました。

このシカの死因はソテツ中毒とみられます。周辺に群生するソテツが赤い実をたくさんつけていました。地面を探すと、噛み割られて歯形のついた実がいくつも落ちていました。

ソテツの実や葉をある程度食べると神経がマヒし、歩行不全が起きて死に至るそうです。シカはよほどのえさ不足でないとソテツを口にしないので、慢性的なえさ不足のあったことが推定されるというのが、立澤さんの見立てです。

校　庭

廃校の門の左右に馬毛島小、中学校の表札残る

二〇一一年八月、ヘリコプターで初めて馬毛島小・中学校の上空を飛んだとき、校庭の緑が美しく見えました。手入れの行き届いた芝生のようで、とても「無人島」とは思えない、不思議な光景でした。

馬毛島小・中学校の校門の前を西之表市の市道馬毛島1号線が通っています。右側の門柱に「馬毛島小学校」、左に「馬毛島中学校」の白い校札が今もかかっています。

校門を抜けると、校庭から見て右に小学校、左に中学校の校舎、奥に体育館があります。敷地を防風林が囲んでいるせいか、校舎の傷みは思ったより少ないようです。二〇一二年夏から一五年春にかけて数回訪れましたが、とくに小学校の教室は今でも使えそうな状態に保たれています。ただ、一五年四月に行った時は窓が一部壊れていました。一四年に台風が連続して襲来したときの被害ではないかと思います。

校庭はもともと土が露出していました。無人島となって児童生徒がいなくなった後、地面いっぱいに草が生えたものの、若芽が出てくるとシカが食べるので、芝刈り機をかけたようにきれいに整えられて

います。短い草に覆われた地面をよく見ると、黒い豆粒のようなシカの糞が一面に散らばっています。
島の緑地は、開発工事の影響で四割が失われたといわれます。えさ不足に陥ったシカは、学校の校庭だけでなく、農地の草もきれいに食べています。人間が去った後、土地の管理をシカが担っているともいえます。

校庭に萌ゆる草芽を食み尽くし
ちりばめし如き馬毛鹿の糞

馬毛島小・中学校の校歌は、島の人々の暮らしを織り込んでいます。

馬毛島小・中学校校歌
作詞・神田善一郎　作曲・林幸光

小学校が木造校舎のころ（同窓会誌から）

朝日が今日も　にこにこと
東の空に　上がるとき
みんなの小屋から煙立ち
平和な島よ　この島は
ああ　馬毛島小中学校

黒潮躍る　海清く
飛魚群れて　よるところ
静かな島に　育ちつつ
真理と正義を　唯愛す
ああ　馬毛島小中学校

上の岬に　咲く花の
不断の香り　胸にして
われらは常に　すこやかに

学校全景＝２０１１年８月

幸福いっぱい　師よ友よ
ああ　馬毛島小中学校

そよ風吹けば　親も子も
緑輝く　広ら野に
励み働き　ひとすじに
島づくりする　よろこびよ
ああ　馬毛島小中学校

スタンド・バイ・ミー

アグリッパ石膏像は生徒なき校舎を見つめて三十五年

沖縄県南風原町の南風原文化センターで写真展「マゲシマ」を開いたのは二〇一三年四月のことでした。約百四十枚を展示する会場の「学校」（二十五枚）のエリアに立ち止まり、壁の写真を見つめている若い男性がいました。馬毛島小中学校の校舎の写真でした。薄暗い中学校の教室に窓の光が差し込み、濃緑色の黒板に白い文字を浮かび上がらせていました。年月日や人名のたくさんの落書きの一つひとつは、廃校後に校舎を訪ねた人たちが名前と日付を書き込んだと想像されます。その写真を見ながら彼が言うのです。

「ぼくの書いた名前が残っていないかと思って……」

「え、行ったことがあるんですか」

「はい、友達と高校卒業の記念に」

思いがけない話でした。そして一枚を指さしました。

「ぼくの名は消えたけど、ほかのメンバーの名前は残っています」

彼は、種子島の南種子町出身の古市福太郎さんでした。高校三年生だった一九九八（平成十）年八月に馬毛島に渡り三泊四日したそうです。翌年春の卒業を控え、気のあった同級生と四人で思いついた「無人島探検」でした。そのころ見たアメリカ映画「スタンド・バイ・ミー」がきっかけだったといいます。

「スタンド・バイ・ミー」は一九八六年に公開されました。舞台は一九五〇年代の太平洋に面した米国西部オレゴン州にある田舎町。遊び仲間の少年四人組は、町で行方不明になっている少年が列車にはねられ、死体が線路近くにそのままになっているという噂を聞きます。発見者になって有名になろうと、死体探しの冒険に出かけるのです。鉄道の線路を歩いてたどり、森の中で野宿をしながら、少年一人ひとりの心の傷が明かされていきます。短い冒険の旅は目的を果たして終わり、少年たちはそれぞれの道を歩み出すのです。「ウェンザナイッ（When the night……）」とベン・E・キングが渋い声で歌い出す主題歌は、映画公開前の一九六一年に世界で大ヒットした名曲のリバイバルでした。彼は二〇一五年四月、七六歳で亡くなりました。

種子島の少年四人組は、西之表港で漁船の船長に運賃を払って馬毛島に渡りました。葉山港にテントを張った夜、近づいてきたマゲシカに遭遇します。ソテツやガジュマルの生い繁る市道や野道を歩き、灯台を訪ねました。携帯コンロで湯をわかしてラーメンをつくり、ご飯を炊き、サンマや桃の缶詰、スパゲティーを食べた様子が、四冊のアルバムに詰まっていました。

そのうちの二枚に黒板が写っていました。

二枚の写真は「平成10年8月18日」と「平成10年12月27日」。八月撮影のものには四人の名前が横書きでくっきり書かれています。十八歳が二人、十七歳も二人。「アルコー会」の文字があります。十二月には「カムバック」と記し名前は古市さんと徳永亮さんの二人だけで、「けんさぼり」「のぶさぼり」と再訪できなかった二人（横山健さん、園田伸幸さん）のための書き込みがありました。

写真展に展示していた「中学校の黒板」は、彼らの後から来た人たちが上書きしているので、古市さんの「古」以外はほとんど消えていますが、ほかの三人の名前はくっきり残っていました。

四人は記念に、校庭の片隅にワインのボトルを埋めたそうです。また、いつか再訪したときに掘り出してみようと……。

古市さんは沖縄本島中部の宜野湾市に住んでいて、勤めている美容院が米軍の普天間飛行場のすぐ近くにあります。古市さんが写真展に来てくれたのは、ひいきの客に佐喜眞美術館の館長夫人、佐喜眞加代子さんがいて、彼女から写真展のことを聞いたのだそうです。

「平成10年8月18日」

「平成10年12月27日」

中学校の黒板＝２０１３年

それを聞いて、写真展の前に美術館を訪ねたことを思い出しました。「ニッポン人脈記」という新聞連載で沖縄シリーズを担当し、美術館と館長の佐喜眞道夫さんの話を書いた縁があったからです。

「種子島出身の美容師さんがいますよ」

と佐喜眞さんが教えてくれたので、ぜひ写真展に来てくれるように伝えてほしいとお願いしたのでした。それにしても、その人が馬毛島に行ったことがあるとまでは想像できませんでした。佐喜眞さんも写真展に来てくれました。そのときに沖縄タイムスがインタビューをして四月八日付の記事にしています。

宜野湾市の普天間飛行場に隣接する佐喜眞美術館の佐喜眞道夫館長（66）は7日に写真展を訪問。「普天間を建設する時も見事な松並木が破壊されたことを思い出した。豊かな自然を壊してまで基地を造る必要はない」と感想を語った。

短い記事に書かれている「松並木」は、その昔、首里城から琉球八社の一つである普天間宮まで続き宜野湾並松（ジノーンナンマチ）と呼ばれた松並木のことです。三五〇年前から普天間宮の参道にあった松並木は、沖縄戦で日本軍によって塹壕の支柱にするために切られ、戦後は米軍に基地建設のために切られて一本も残らず、写真の中にだけ姿をとどめているそうです。

佐喜眞さんは沖縄戦が終わった後の一九四六年、父親が軍医として赴任していた熊本で生まれたので、宜野湾並松を見たことはありません。でも、食事のときに両親から「美しかった沖縄の自然や、祖父や祖母が生活者としてしっかりと大地に足をつけた生き方をした人だったという話」を何年も聞いて「私の中に幻灯のようなふるさとの風景ができ上がりました」と開館二十周年の二〇一四年夏に出版した著書『アートで平和をつくる』に書いています。

佐喜眞美術館は「原爆の図」や「水俣の図」を描いた画家、丸木位里、丸木俊夫妻の連作「沖縄戦の図」を常設展示しています。この美術館が普天間飛行場に食い込むような土地にあるのは、基地に取り込まれた先祖代々の土地を米軍に返還させて建てたからです。

普天間飛行場は、敗戦国日本が占領を解かれて独立した後も米軍統治下にとどめられていた沖縄で、米軍が人々の土地に重機を乗り入れ、いわゆる「銃剣とブルドーザー」で造った基地です。佐喜眞さんが美術館をつくるという理由で返還交渉をはじめると、防衛施設局は「米軍は返還を渋っています」と三年もの間、繰り返し答えたそうです。業を煮やして宜野湾市に相談し、会うことのできた海兵隊の不動産管理事務所長に要請すると「ミュージアムができたら、宜野湾市はよくなりますね。われわれには、問題ありません」との返事で、一年後の一九九二年に一八〇一平方メートルの土地が返ってきたということです。

佐喜眞美術館の敷地には佐喜眞家の亀甲墓があり、基地フェンスに面した美術館への導入路には十二本の松が植えられています。この美術館は、丸木夫妻の作品のほか、長崎の原爆を描いた木版画家の上野誠、貧しい人々の生活や労働を描いたドイツの版画家・彫刻家のケーテ・コルヴィッツ、フランスの画家ジョルジュ・ルオーらの作品をコレクションしており、人間の精神の深部をとらえた作品群が目を引きます。

馬毛島小学校の廊下に置いてあった石膏像は、美術の教材、古代ローマの軍人アグリッパ像でした。仰向けに廃校の天井を見つめる表情は、憂いに満ちていました。

アグリッパ像

避難

歓喜せし表彰台を真ん中に体育館は閉ざされしまま

「馬毛島に行けることが決まった時、僕は本当にうれしかった。というのは、僕は『ロビンソ

ン・クルーソーの本』がとても好きで、一度無人島で暮らしたいと常々思っていたからだ」（志學館中1年）

この文は二〇〇一年、鹿児島市立少年自然の家主催の「大自然へのトライ&トライ　馬毛島無人島生活体験キャンプ」に参加した感想文です。この事業は一九八九（平成元）年から始まりました。毎回、報告書が作られ、参加した子どもたちの感想が綴られています。平成十三年度は、一六五人が応募し、公開抽選で五四人（小学生二四人、中学生二〇人、高校生一〇人）が参加しました。十班に分け、大学生のリーダー一〇人と、少年自然の家職員や医師、養護教諭、講師ら指導者は計二二人。八月五日〜十日の五泊六日のうち、四泊が馬毛島西海岸でのキャンプでした。

報告書から子どもたちの感想をもう少し拾ってみます。

「ぼくは、昼と夜の温度差が大きいことにビックリしました。昼は、真夏の暑さで、暑くて暑くて、夜は少し寒いのです」（谷山中1年）

「馬毛島の夜はとにかく暗い。だからとても美しい月が、そこら辺一帯を照らしてくれた」（鹿児島城西高3年）

「ソテツという木のたくさんある所を歩くと、馬毛島小中学校跡がありました。まだ勉強をしていそうな学校でした。学校から少し歩くと井戸がありました。汗をかいていたので井戸でかみの毛を洗いました。とても気持ちがいいでした」（田上小6年）

「島内遠行は4時間かかったけど、いい思い出になりました。『星砂海岸』や『マゲシカ』や『馬毛島小・中学校の跡』や『昔の人が住んでいた家』などがあり、勉強になりました」（吉野中1年）

「水道のことでは、馬毛島では、水の量が決まっていておさらをあらうのも海水でした。今まではおさらをあらう時も水を出しっぱなしだったけど、馬毛島から帰ってからは、流すときだけ水を出して、洗う時は止めるようにしています」（大龍小6年）

「遠行で、歩いているとマゲシカのかげが山に見えました。でも写真をとろうとしてもにげてしまいました。写真がとれなくても自分の目で見れたのでとてもうれしかったです」（中山小5年）

「先生に馬毛島の歴史や牛をたくさん放牧して生活していたが農業がうまくいかなかった事等を教えてもらった。ぼくは島に住んでいた人たちがここを出ていく時の気持ちや今よそにいてこの島への思いはどんなだろうと思った」（向陽小5年）

「生まれて初めて流れ星を見ました。火星や、夏の大三角形なども見ました。電気などの光がなかったので、本当に奇麗でした」（西陵中2年）

五泊六日の「トライ&トライ」は馬毛島に渡れなかった年もありました。平成元年の第一回と、第五回、いずれも台風接近のため渡島を断念し、代わりに自然の家や種子島でキャンプをしています。また、第四回、第六回はやはり台風接近のため初日だけ種子島でもキャンプ、第二回は天候の問題はなかったけれど、種子島の子供たちが参加したこともあり一泊は種子島で過ごしました。

西之表市は馬毛島小中学校用地を避難所に指定しています。体育館や校舎が名実ともに避難所として使われたことがあります。二〇〇〇（平成十二）年七月二十四日の月曜日。「トライ&トライ」の一行七三人でした。キャンプ五日目の朝、朝食づくりをして食べ始める直前、雷を伴う激しい雨と強風に襲われたのです。悲鳴をあげながら、全員がテントの中へ逃げ込み、台風並みの嵐がすぎるのを待ちました。

「丁度ぼくはオカヤドカリとたわむれているときだった。オカヤドカリを元いた場所に帰してやった。みんなテントに避難した。強い風はテントをゆさぶり、雨は大つぶの弾丸のようにテントをうつ。外にでると1班のテントはすでに息絶えていた」（志學館中1年）

この年の指導者の一人、脇黒丸悟さん（現鹿児島市立中山小学校長）は少年自然の家の指導主事でした。

「すぐ近くに落雷があって、これはだめだと思いました」

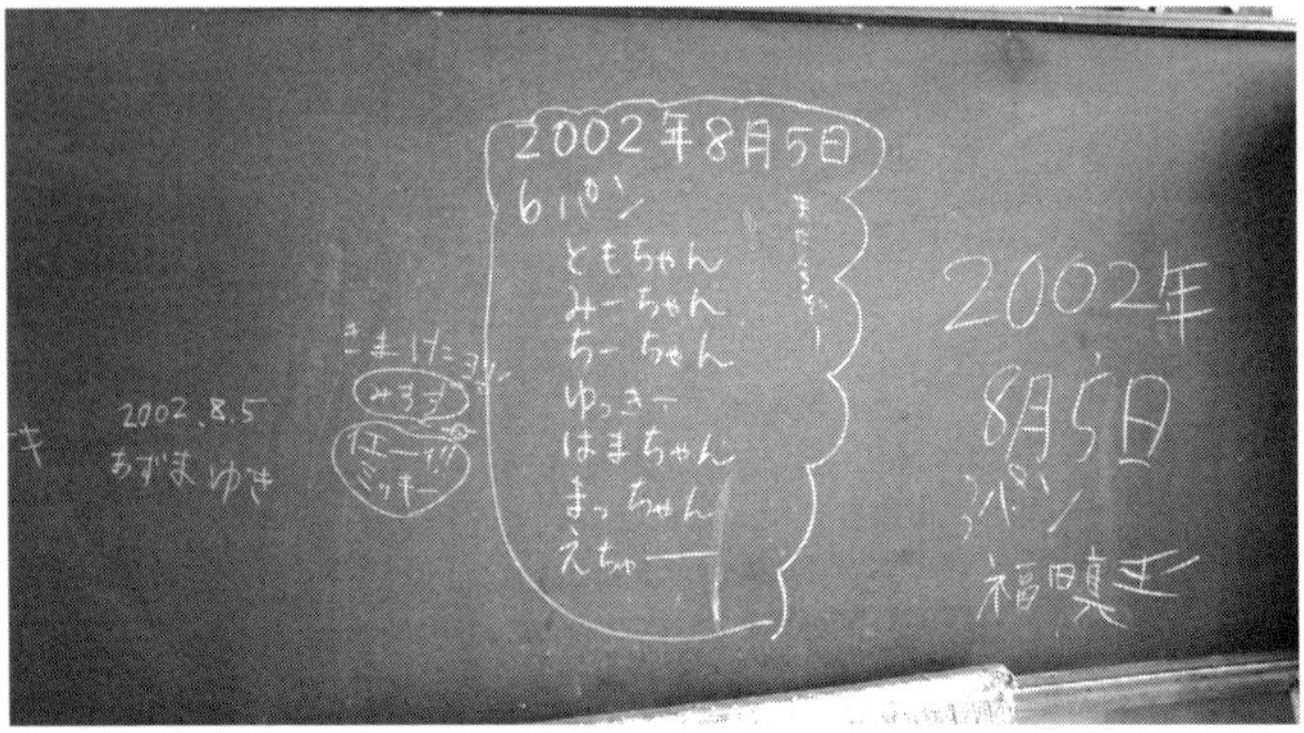

「２００２年　６パン」の文字が書かれた黒板

キャンプを続けるのは無理だと判断して、小中学校跡への避難を決めました。降りしきる雨の中でテントを撤収。全員が避難を終えたのは午後二時だったそうです。

子どもたちと指導者たちは体育館と教室に別れて一夜を過ごしました。

『テント撤収』の声がかかった時には、服もびしょぬれでした。一生懸命にテントを撤収し、馬毛島小・中学校に行きました。中に入ると、ろうかに鏡がありました。わあ、4日ぶりに見た自分の顔、真っ黒に日焼けしたなと思いました」（武中1年）

天候が落ち着いてきたので、夕方、校庭で最後の夜のキャンプファイヤーをしましたが、途中で雨が降りだし、各班の出しものは打ち切られました。

翌朝は午前四時半に起床し、葉山港から漁船四隻に分乗して西之表港に到着しました。

往路にも乗った種子島の漁船、冨美丸、幸栄丸、美沙丸、若潮丸が二往復し、全員が西之表港に着いたのは午前八時でした。

「トライ&トライ」の最後となる二〇〇二（平成十四）年は報告書が残っていません。ただ、馬毛島小中学校の黒板に「2002年……6パン」と記念の文字が残されています。

校舎や体育館に避難したとき、子供たちは眠られぬ一夜を過ごしたことでしょう。その体育館の中央に表彰台が斜めにポツンと置かれています。馬毛島の子どもたちが立ったときの様子が目に浮かびます。

閉ざされし体育館の表彰台1、2、3位と笑顔で立ちしか

人会権

飛魚の豊漁祈願せし葉山浦の蛭子神社に親子獅子吠ゆ

馬毛島には漁港が五つあります。東海岸には北部の葉山港と南東部の高坊港、西海岸は北から順に岬港、王籠港、南端に椎ノ木港です。かつては、トビウオ漁のある五〜七月、種子島の漁師たちが季節移住をしました。漁業権の歴史が最も古い西之表市の池田、洲之崎、塰泊《あまどまり》の三ヶ浦、さらに住吉、能野と、中種子町の浜津脇の漁師たちが、港周辺に小屋を建てて集落を作っていました。漁師たちはそれぞれ、えびす様を祭って豊漁と操業の安全を祈願しました。無人島になってから種子島に移されるなど多くは姿を消しましたが、今も漁船が利用する葉山港近くには祠があり、鳥居のそばに獅子の親子らしい小さな置物がありました。

この葉山港に「築港紀念」の石碑が立っています。一九三七（昭和十二）年十月に完成するまでの関係者の労苦をたたえ、企画経過の概要を永久に伝えようと、行政、工事関係者と寄付者の氏名を刻みます。

碑文によると、葉山の港は防波堤の設備が不完全で漁船を係留するには不便かつ危険だったため、昭和九年度に船溜まり設備工事として県費と地元民の努力で八千円をかけて延長四六・二五メートルの防波堤を築き、牧場主川西清兵衛氏の寄付金三千円によって埋立地六九〇坪、海岸通りの道路百メートルを築造して、漁業や近海漁船の避難などに利用していました。ところが、昭和十年夏、未曾有の大風浪に遭って破壊されたといいます。地元漁民たちは復旧を痛切に願い、災害復旧工事として総工費七千円のうち三三九一円の県費補助を受けて着工し十月末に完成しました。

寄付は、牧場主、漁業の魚揚場、浦組合、船主、酒造・販売、衣料、金物、旅館などの商工関係者、青年会も名を連ね、西之表を中心に種子島島民の熱意を伝えています。

この葉山港周辺の約二・二ヘクタールは、もともと種子島の湊泊浦の共有地ですが、開発会社への売却について浦の代表である登記名義人たちの賛否が分かれました。結局、持ち分の三分の二を開発会社に売る契約書が交わされ、残る持ち分三分の一については売却されていません。

「三分の二」と「三分の一」に分かれた共有地の持ち分は、地図上で線引きできる性質のものではないので話がもつれることになります。

開発会社は、登記された持ち分三分の二の所有権を理由に立ち入り制限を始めました。一方、持ち分三分の一を有する漁師たちは、「入会地の土地処分は権利者全員の同意がなければ無効」との考えで、地主企業を相手どり「入会権」を主張する訴訟を起こしました。二〇一五年六月、最高裁は被告（地主企業側）の上告を棄却し、漁師たち住民側の勝訴が確定しました。前年十月、福岡高裁宮崎支部が「入会権は現在も存続している」との判決を下しました。原告の訴えを棄却していた一審の鹿児島地裁判決を変更したので、被告の企業側が上告していました。入会権の存在を認めた最高裁判決は、漁師たちの「売買無効」の主張に一歩近づいたかたちです。

また、高坊港は洲之崎浦の漁師たちの拠点でした。ここは、まだ漁師たちが所有権を持ち続けています。この高坊の集落にある石塔を囲んで漁師たちが焼酎で酒盛りをしたそうです。

東を向く高坊のえびす様

トビウオを獲る一日の夕暮れに
漁師が憩う石塔広場

共有地の南側の海ぎわに、岩とソテツに囲まれて、豊漁の神様、えびす様の祠がいまもあります。えびす様は七福神の一人で、生業を守り福をもたらすとされ、釣り竿をもち鯛をかかえている姿をよく見ます。祠は海峡と種子島の方を向いています。

水軍

朝鮮の役に水軍功成して給わりし漁区
碑文は記す

葉山港には「馬毛島漁区記」という石碑もあります。建立は明治三十四年五月。流麗な漢文による碑文は、種子島の漁師たちが領主種子島家の御用船の船頭、水主をつとめ、文禄・慶長の役に遠征した水軍の戦功が認められて、馬毛島の漁業権を得たことが記されています。現代風に要約すると次のようなことが書いてあります。

南海は台風が多く、種子島の赤尾木湾は船舶避難の要港である。西の海に一二キロを隔てて巨亀が背中を出したような馬毛島がある。島の海は豊かで漁業の特権を三浦の人がもっているのにはいわれがある。島の当主だった今の種子島男爵の始祖、平信基公は鎌倉から来て南海十二島を領地として治めた。そのころ、島々はまだ文化が遅れていた。公は大陸と交流して発展させようとした。山県、楢原ら十数人に航海術を学ばせ、池田、洲之崎、湊泊の三浦に船乗りをさせた。島人は三ケ浦と呼んでいる。山県らの家臣は鎌倉からついて来た者たちで船長家部といい、浦人を水手家部という。子孫は職を世襲し、領主の都上り、出陣のたびにお供をした。浦人は領主の待遇にこたえて役目を果たそうと、男の子には幼いころから水泳を習わせた。おとなになると荒れる海でも陸にいるように素早く、船の操縦は抜群にうまかった。昔、朝鮮を攻めたとき日恕公(十六代久時)が船を数隻、家来数百を連れていった。慶長三年十一月十七日、水軍は勇ましく戦った。敵の大船、雨降る矢の中を、小船による攻撃は矢のように速かった。船長山県五郎左衛門、水手塰泊の五助らは敵艦に鈎をかけて味方軍に登らせた。五助は矢が当たり海に落ちて死んだ。わが軍はついに勝った。この事は種子島家譜に載っている。思えば、五郎左衛門は今の山県庄兵衛の先祖。五助の子孫坂口与四郎は今も塰泊で仕事を継いでいる。男爵の祖、栖林公（十九代久基）のとき、船長水夫の功労をたたえて禄田を与えた。三浦には海の非常時にはかけつけるよう命じていたので、馬毛島沿岸を漁区にすることを特に許し、年貢を塩鰒《しおあわび》で納めさせた。浦人は小屋をつくり、波止を築き、苦労をかさねた。この後、よその人は浦人に獲物をいくらか納めて、年貢に役立てるようになった。浦人は春夏のかわり目には家族ぐるみで移住し、漁と海藻採りで数カ月すごし、余暇には酒を酌み交わして楽しんだ。男も女も歌い語り合い、一年の生計を立てた。明治維新で制度が変わり、浦人の漁区が荒らされようとしているという嘆きを聞いたわが友、上妻宗周は東京に行き、陳情した。住吉の浦人の分も陳情し、漁区を保全して昔どおりにできた。しかし、馬毛島は国有地になっていたので浦人に縁故払い下げで買わせた。面積はおよそ四四ヘクタール。浦人は喜び、「上妻君がいなければ飢え死にしていた。彼の友情

「馬毛島漁区記」

を後世に示す文を書いてほしい」と言った。それでこの文を書いた。浦人の今日ある由来を思い返さずにいられようか。

碑文の末尾に、「平山寛蔵撰　子島時世書　池田洲之崎塰泊住吉四箇浦中謹」。碑の裏面には、四浦の出願総代の姓名が刻まれています。

津波石

縄文の噴火が運びし津波岩にオオイタビ巻き目白さえずる

馬毛島には、季節風と黒潮、潮汐流によってさまざまな物が漂着します。なかでも特異なのは「津波石」です。九州の薩摩半島の南方五〇キロ、馬毛島の西方五〇キロに位置する鬼界カルデラの噴火によって運ばれたといわれます。およそ七三〇〇年前に起きた大噴火は、硫黄島や竹島を外縁とする東西二二キロ、南北一九キロの巨大なカルデラを残しました。馬毛島の海岸だけでなく内陸部にも、ポツンと置き去りにされたように巨岩が点在しています。オオイタビなどの蔓性の植物がからみつくように繋っていることから「かずら石」とも呼ばれます。
馬毛島の真西、北緯三〇度四三分の東シナ海には戦艦大和が沈んでいます。太平洋戦争末期の東シナ海には、戦艦だけでなく疎開学童、兵員、物資を運ぶ輸送船も数多く沈みました。米潜水艦の魚雷攻撃により輸送船が撃沈され、兵士たちの遺体が種子島や馬毛島に多数漂着したことがあります。一九七七年に発行された「種子島を語る　第二号」に遺体収集の体験談が収められています。

「二十年二月、りう丸が種子島西海上で撃沈され、兵隊の死体が流れてきた。種子中生徒には全員非常呼集がかけられ、竹棒などで死体を寄せ集めに行った。流れ着いた兵隊は鉄甲をかぶり銃を持ち完全軍装であった。中には子どもの写真を持った人、多分奥さんと思われる若い女の人の写真を持った人、抱き合っている人、上官をかばうようにして死んでいる人、本当に涙なくしては見られない有様であった。一応死体は現在の農協の所にあった繭検場に収容され、私達下級生は甲女川の川べりに深さ一メートル五〇センチ位の穴を延々と掘った。当時は現在の鴨女町の住宅街はなかった。夜になって上級生などが、私達の掘った穴にたきものを並べ、軍用のガソリンをかけて死体を焼いた。

馬毛島に流れ着いた兵隊は、かなりの所まではい上がっていたということであるから、馬毛島では生きて流れ着いた兵隊もいたと思われる。しかし馬毛島は無人島で助ける人もなく凍え死んだのではないかと思う。屋久島に上がった兵隊はかなり生き残った人がいてその人達が遺骨を引き取りに来た。聞くところによると熊本の兵隊で昭和三十年頃まで幾らかの遺骨が西岸寺に残っていたそうである。」（東兼利「戦時種子島中学校回顧録」から）

馬毛島に打ち上げられた遺体は数カ所に集められ種子島に運ばれたと、西之表市湊泊《あまどまり》出身の郷土研究家、坂中睦男さんは「想い出の馬毛島」に古老から聞いた話を書いています。

「馬毛島では丁度、ザコ捕りの最盛期で、在島の漁師たちと馬毛島、種子島に駐屯していた軍人たちが、即時対応したようだ。馬毛島の西海岸に打ち上げられた兵士は、数カ所に集められ員数合わせの為に、スコップで右手か又は、左手を切断して、種子島の方に運んだと聞かされた。その後、馬毛島にある遺体は、三カ所に集められた。氏名の分かる兵士には名札を付けて、荼毘《だび》に付された」

遺体を焼いた場所は「北の岬」「根木松」「ハエナカ」の三カ所で、馬毛島で漁労をする浦人たちが集まり、慰霊の石積みをしたり、石塔を建てたりしたそうです。当時、戦局は日本の敗色濃厚となり、軍は「本土決戦」の準備に血まなこでした。種子島の中学や女学校の生徒たちは、飛行場造りや陣地構築にかり出されます。馬毛島の牧場からは羊が南種子町に疎開しました。米軍が沖縄に上陸し、日本各地への空襲も激しさを増すと、陸軍独立混成第百九旅団の兵士が種子島に配備されますが、間もなく終戦を迎えます。

戦後しばらくたった一九五八（昭和三十三）年十月、馬毛島で兵士九六体の遺骨を収集し、西之表の萬徳寺で慰霊法要が営まれています。

遺体が埋められた三カ所のうち、西海岸中央部の一カ所は、遺族らが収集したようです。しかし、残る二カ所も遺骨収集がなされたかどうか、正確な記録がなく、よくわかっていません。

八十歳を超えた今も馬毛島沿岸に漁船を出して操業している西之表市の押川登さんは「遺骨はまだ有いような気がすっとなあ（有るような気がするんだよなあ）」と言います。

「住吉小屋の近くに砂丘があって、植物がたいて生えといとこが見ゆんどが（たくさん繁っている所が見えるだろ）。確か、あの辺に埋めたはず。遺骨がどうも気になってヤー、あの沖に船を停めて寝とれば、ほーっ、ガラッパに引きずり込まるい夢を見ってや（カッパに引きずり込まれる夢を見るんだよ）」

椎ノ木遺跡

弥生人埋葬したる椎ノ木の遺跡は浜昼顔の咲く丘

海底の地形をみると、馬毛島は種子島、屋久島とともに水深八〇メートルより浅い平坦な面の上に位置しています。島は高低二つの段丘からできていて、海抜数メートルの低い段丘が、海抜四五〜一五メートルの高い段丘を囲み、全島を縁どるようにしています。高い段丘は洪積世に、低い段丘は完新世に形づくられたと考えられています（初見祐一「馬毛島の地形・地質」（『馬毛島埋葬址』））。

椎ノ木港は馬毛島の南西端に開かれています。椎の木の樹林に近かったことによる呼称とみられ、海に突き出した岸壁と岩礁のすき間に小型船だけが滑りこめる小さな港です。「椎ノ木山」という地名もあります。岳之腰方向に小高い丘を上り、左に折れて浜辺に下る砂丘に椎ノ木遺跡があります。地形・地質調査を機に一九七七（昭和五十二）年に発見されました。崩れた砂丘の断面から弥生人の頭蓋骨など上半身の骨が発掘されましたが、下半身は砂掘り工事などで掘り去られたようで、残っていませんでした。弥生時代後期に埋葬された、比較的若い成年男性とみられます。頭蓋骨の形状は、多数の埋葬人骨が出土した種子島の広田遺跡の人骨に似ており、九州大学に保管されています。

開発工事前の椎ノ木山一帯には、常緑のヘゴも生えていたそうで、緑深い山でした。常緑多年草のホソバアリノトウグサ（別名ナガバアリノトウグサ）はこのあたりで記録された固有種といいます。一九五三年に大井次三郎博士が記録し、環境省のレッドリストでは絶滅危惧ＩＢ類（ＥＮ）に選定されています。

二〇一五年七月、海上の漁船から馬毛島南西部の海岸を眺めていると、二年前の夕刻に間近で見た津波石がありました。後方に椎ノ木遺跡のある砂丘が続き、一部が緑に覆われています。ハマヒルガオはもう花を終えただろうかと思いました。

西之表市の博物館「鉄砲館」（種子島開発総合センター）の正面玄関から入ってすぐの通路手前に発掘調査の各種報告書を掲げた書架があります。その中に椎ノ木遺跡に関する報告書「馬毛島埋葬址」も置かれています。

同館には馬毛島の展示コーナーがあります。海岸沿いに萱葺きの小屋が建ち並んでいる往時を描いた絵の前に丸木舟が置かれ、周りに漁具などを並べて、トビウオ漁を中心とした漁労を解説しています。

さらに奥の展示室には、江戸時代に馬毛島で発掘された青磁があります。文化年間に馬毛島を開墾中に出土したと茶碗の内側に墨書してあります。平安時代の十二世紀に製造された「南宋龍泉窯青磁中型椀」です。現在の中国浙江省龍泉市に産する龍泉窯青磁は、北宋時代後半から南宋時代を最盛期に清の時代まで一六〇〇年間も続いた歴史をもつ磁器です。馬毛島のこの出土品は南宋時代の青磁で、ほぼ完全な形を保ち極めて貴重なもの（市指定文化財）とされています。

中庭に目を向けると、焦げ茶色の層塔が立っています。馬毛島の葉山浦に面した牛糞の鼻にあったのを運んできました。もとは西之表の慈遠寺にあったものを明治の廃仏毀釈のときに馬毛島に移設して破壊を免れたともいわれます。

三　郎

弑逆《しいぎゃく》の若殿悼む石塔は王籠港のほとりに鎮もる

馬毛島の北西部に王籠港《おうごもりこう》があります。ぼくが馬毛島に上陸した最初の目的は、この港の近くに建てられた石塔が今もあるかどうか、知りたかったからでした。三基の石塔は王籠港からすぐ南の砂丘にあります。かつては、近くに同様の石塔があと二基あったといいますが、それは確認できていません。

この石塔は種子島の領主、第八代清時（一三六二〜一四二七）の長子、三郎を供養しているといわれます。三郎は十七歳のとき、武士の鍛錬として恒例になっていた狩りをすると偽って馬毛島に連れ出され、家来に弑殺されたと「種子島家譜」に記されています。お家騒動の犠牲者らしく、江戸時代になって供養塔が建てられたようです。

ところで、馬毛島のあちこちで写真を撮り、世間に話すこと、文字にすることには初めいささかのためらいがありました。「不法侵入」だと言う人もいました。これには、自由人だからとか、自己責任でとか、答えを考えていました。それを無用の事と思わせてくれたのが、この石塔でした。死者を悼む人の心、悼まれる人の死があったこと、語り継ぐべきを語り継ぎ次代に伝えたいと思いました。

石塔と出会い、伝承を三郎君に託された、そんな気がしています。

防衛省の滑走路建設予定図によれば、滑走路の北端は島の北西方向に傾いており、十字路造成工事の後も残されている北西部の森や、石塔群のあるあたりに滑走路が重なるようにも見えて、気になります。

弾　痕

グラマンの弾痕残すトーチカは岳之腰から四方見晴るかす

馬毛島の最高地、岳之腰（七一メートル）に一九四一（昭和十六）年、日本海軍がトーチカを築造しました。市制施行前の西之表町民が工事にかり出されており、「西之表市年表」に二カ所、次の記載があります。

十六年十二月十五日　馬毛島の海軍施設、建設工事始まる。

十七年二月十七日　馬毛島海軍工事終る。工事六十日間、町より人夫、五十九名を出す。

第二次大戦中、日本軍は国内外にトーチカを数多く造りました。コンクリート製の小規模な陣地で、防御と攻撃を目的とし、監視、観測、通信、指揮所の機能を備え、銃眼ともなる窓がついています。

馬毛島のトーチカ建設着工は、日本海軍が真珠湾攻撃で対米開戦をした日の一週間後にあたります。このトーチカを使って特攻機の爆弾投下訓練がなされたのではないかという見方があります。坂中睦男さんの「想い出の馬毛島」は訓練の目撃談も紹介しています。

飛行機は硫黄島方面からトーチカに目掛けて、低空飛行で山腹に衝突するかと思われる位まで突っ込み、急上昇する訓練を毎日していたという。又、訓練は二人乗りの飛行機が主であり、顔が見える位にまで低空飛行し、地面に描かれている目標の円に模擬爆弾を投下して、トーチカすれすれに急上昇する訓練を幾度もしていたという。

種子島から馬毛島へ、キビナゴやイカを取りにでかけた古老たちの話です。模擬爆弾を投下した結果は、トーチカの窓から目視し、数種類の旗を掲げることで成功失敗を操縦士に伝えていたそうです。トーチカの出入り口には厚い鉄の扉があります。内部は地下に縦穴が掘られ、はしごが地下に延びていたそうで、山腹への横穴による出口があったともいわれます。窓のわきに弾痕が今も生々しく残っています。コンクリート壁をえぐり鉄格子を曲げて内部に貫通しているようでした。米軍機の機銃掃射を受けたのでしょう。

いつ被弾したのか、手がかりとして米軍機による空襲を「西之表市年表」に拾います。

○二十年三月十八日　午後一時より午後四時まで、グラマン戦闘機延十二機、西之表地区を爆撃銃撃す。死亡（軍人三、市民三）負傷（軍人十、市民九）行方不明（軍人四、市民十三）住家の全焼（六十二棟　非住家の全焼十三棟）

○三月二十五日　午後二時三十分、グラマン戦闘機二機、西方より西之表市街地に来襲、小型爆弾三個投下、更に機銃掃射して南方へ去る。海底電線修理船住吉丸、及びコテツ丸西之表港外にて沈没す。

○四月十九日　B24二機、北方より市街地に来襲、焼夷弾を多数投下、更に銃撃を加えて南方に去る。この空襲により、種子島中学校全焼し軍人に負傷四、死者二名を出す。又、疎開のため船待ち滞在中の野間小学校児童のうち三名負傷。

○四月二十四日　午後一時五十分、Ｂ24一機、南方より来襲、市街地を狙って焼夷弾三十六個を投下、住宅全焼三十四戸、全壊十棟。

○五月十三日　午前十時二十五分、グラマン戦闘機八機北方より来襲、浦田、伊関、安納、西之表市街地を銃爆撃して東北方に去る。死傷四名。

○五月十四日　午前十時二十分より三十五分まで、南方より来襲したるグラマン戦闘機九機、西之表市街地を銃撃す。死者一名。

○六月　種子島独立混成一〇九部隊（部隊長千田中将）一万二千名、古田の中割地区に駐屯、町民を動員して、同鍋割地区に陣地の構築はじまる。

○六月十六日　午後〇時五〇分、小型機八機、西方より来襲、現和国民学校を銃撃、教員一名死亡す。

○七月十日　午後〇時二十分より五十八分まで、小型機二十四機来襲、西之表市街地、現和、住吉を銃爆撃す。即死二名、重傷二名。

○七月十四日　午後二時、大型機八機来襲、西之表市街地に中型爆弾二十四個を投下し西南方に去る。住家六十棟全半壊す。

○七月十五日　午前九時四十分、大型機十機、北方より西之表市街地に来襲、中型爆弾三十個を投下して南方に去る。住家全壊二十五棟、半壊六十棟。警察署、郵便局も半壊す。
○七月二十五日　午前十一時十五分、Ｂ24機北方より西之表市街地に来襲、銃爆撃を加えて南方に去る。

鉄の扉

このうち、三月二十五日の記憶として、トーチカ被弾の目撃談を坂中睦男さんが書いています。目撃者は坂中さんの姉。一二キロ離れた種子島の畑からでした。

「飛行機は二機が、撃っては反転し又撃った。これを何回も繰り返し行っていたという。上石寺の畑に馬草刈りに行った時に目撃している。大きさは蠅位にしか見えなかったが、大変怖くて畑の土手に身を隠しながら見ていたという。その飛行機がこの日の機銃掃射に関わっていると姉は証言している」

ぼくが通った榕城小学校の講堂の外の柱に銃弾がめり込んでいました。今はもう取り壊されて跡形も無くなっています。あれも、グラマンの銃弾だったのだろうと思います。トーチカは貴重な戦争遺跡です。

戦後、馬毛島のトーチカは、トビウオ漁で重要な役割を果たしました。出入り口わきに木の柱を立て、旗や灯りを掲げて、産卵するトビウオの群れの位置を海上の船団に知らせたそうです。

開聞岳種子屋久永良部硫黄島岳之腰から四方晴れわたる

小　判

座礁して船橋破れ幾年月　エンジン塊の錆び毀るる浜

鹿児島市の「トライ&トライ」とは別に、大阪に事務局をもつ財団法人「プレイスクール協会」が企画した「無人島冒険学校」も一九八四（昭和五十九）年に馬毛島を訪れてキャンプをしました。関東、関西、福岡の小中学生九一人とスタッフ二九人。無人島の六泊七日を記録するA2判四つ折りの記念紙に難破船の写真があり、傾いたマストが写っています。
参加した子供たちが感想文をつづっています。
「なんぱ船の残がいのある海にもぐった。なんぱ船の残がいが魚しょうになってて、今までみた魚のほとんどがいたのでびっくりしました。こんなこと千葉じゃ夢の夢だなあ友だちにもみせたいなあと思いました」(千葉・中2)
「初めてシュノーケリングする時『こんなもんで、だいじょうぶとかいな』と半信半疑でしてみたが、こんなに海がきれいなのかと、おどろくばかりだった。青やオレンジの魚たち。テーブルサンゴ。すいこまれそうにすきとおっていた海。一番思い出に残ったことだ」(福岡・中1)

難破船(「無人島冒険学校」記念紙から)

「前まで人が住んでいたこの島。私には、馬毛島に住んでいた人たちが、どうしてこんないい島を捨てて出ていったのかわかりません。でも、馬毛島に住んでいた人たちだって、出ていきたくなかった人もいたかもしれません。あんなにいい島だから……」（京都・小5）

写真に写っている難破船がいつ座礁したものか。島の元住民である西之表市洲之崎の漁師、山下六男さんによると、馬毛島の西にも東にも座礁船がいくつもあったそうです。座礁して天候回復後に運良く離礁できた船もあるが、北の岬の灯台近くには商船会社がチャーターした運搬船が座礁したまま朽ちていったのをはじめ、切断して魚礁として沖に沈められた船もあったそうです。

馬毛島には江戸時代、密貿易船などを監視する番所が置かれ、領主種子島家の命を受けて武士が駐在しました。種子島家譜に幕末の珍事が記録されています。

弘化三（一八四六）年五月五日、池田浦の嘉次郎が女子、馬毛島に於て小判金十三両一分金三十四片を、林林蔵が妹、小判金二十三両一分金三十九片を拾ふ、且つ器械の毀損するものを見る。即ち吾が横目及び船奉行を遣はして之を検察す。官に聞し、金を納む。

同十六日、林林蔵を禁錮す。馬毛島に於て金子を収拾するを糾すの時、不遜の言あるを坐するなり。

漁師の娘ら二人が馬毛島の海岸で計三十六枚の小判などを拾い、器械の壊れたものを見つけたという内容です。元鉄砲館長の鮫嶋安豊さんによると、「器械」（からくり）は鉄砲のことです。横目や船奉行を派遣して調べ、藩政府に報告して小判などを届けました。林林蔵は番所の武士でしょうか、事件処理をめぐって処罰を受けています。それ以上の詳しいことはわかりませんが、密貿易がらみなど秘事のにおいがただよいます。

空港予想図

人口五百製糖工場も在りし島無人となりて三十五年

一九六二（昭和三十七）年にできた馬毛島の製糖工場は、三年後に閉鎖されました。馬毛島のサトウキビは糖度が高く品質がよかったそうですが、わずか三年しか操業しませんでした。農家の減少や台風などの厳しい環境が影響したのでしょう。

馬毛島は、古くから人間と深い関わりを保ってきました。時に自然の厳しさを見せつけることがあります。でも、人間を全く寄せつけないわけではなく、昔から今に至るまで、海の幸を恵み続けています。人間が近づきすぎると突き放し、遠のくと親しげにまた呼び返してくれる。そんな島です。

二〇一一年春に初めて馬毛島を訪れて以来、一五年七月までの足掛け五年の間に、ぼくは延べ八泊十七日、馬毛島の海岸を歩きました。日帰りが四回、一泊二日が四回、四泊五日が一回で計九回になります。西海岸の池田小屋跡で野宿をしたときは、サンゴの石垣の陰に靴を脱ぎ、リュックを枕に寝ていると、暗闇の中で首をフナムシにかまれました。突然の襲撃に飛び起きたはずみにアザミを踏み、裸足を刺したトゲが痛くてとびあがりました。フナムシは払い落としても、すぐまた全身にはい上がるので、ほとんど寝つけません。潮風を浴び満天の星を仰ぎ見ながら、潮騒を聞きました。まどろむ中で夢想したのは、室町時代の琉球交易や安土桃山時代の海戦で活躍した漁師たち、開拓農家の奮闘、そして、その子どもらが磯や野山に遊ぶ姿でした。

島の北東部にある葉山港から市道1号線を南に歩き、小中学校跡地を過ぎて高坊の手前を右に曲がってしばらく進むと、買収の働きかけにも応じていない土地があります。もとは田や畑、家もありました。松の木が高くそびえるこの土地が買収できなかったために、大地主は市道に並行して新しい道を切り開きました。

この土地を描いた絵があります。開発会社による買収交渉が盛んだったころに作られた飛行場の完成予想図です。南北に長い滑走路と空港施設を結ぶ進入路がつくられて、管制塔や格納庫などが建ち

未買収の土地を囲む空港の完成予想図

並び、駐機場にはたくさんの飛行機が描かれています。

予想図では、馬毛島の森は北西部の四分の一を残していますが、最高地の岳之腰の姿はありません。東海岸に目を向けると、葉山港の南に大きな港が見えます。よく見ると、空港施設の建物に食い込むような緑地に黒っぽいものがあります。未買収の土地が小さく描かれているのです。未買収の土地を残したままで空港を造ったときの光景を想像したイラストのようです。

石門

嬉しき日辛かりし日もそこに在り
馬毛島はわが同胞の島

二〇一三年三月、西之表市天神町のスーパー「サンシード」二階の展示フロアで写真展「マゲシマ」を開いたとき、会場に置いたノートに多くの人が感想を書いてくれました。そのいくつかを紹介します。

「学生時代、一度、馬毛島に渡った事があります。もちろん、もう四十年余りになりますね。漁船に乗り、水着のまま、スイカを持って、部活の仲間と十人ぐらいだったと思う。夕日が沈むまで、海で遊んだり、原っぱに寝ころんだり……とても楽しかった思い出です。今からでも、決して遅くありません。シカたちが守ってくれた自然を今度は、私たち人間がしっかり守ってゆくべきだと思います。未来の子供たちのためにも——」

「馬毛には行ったことがありません。今となったら残念。いつか行けると思っていました。シカの純白のお尻が美しすぎる。なんで汚れていないのだろうと思う。時間帯で空気の色がちがっていくのもうれしいし」

「馬毛島には一度みな（貝）とりに行きました。がんがん開発を始めたころでした。日に日に緑の少なくなっていく島をかなしい思いで見ていました。現在の様子がかいまみれて、又又考えさせられました」

「馬毛島がとても懐かしいです。馬毛島にはもうかれこれ半世紀近く行っていませんが、これも一つの時代の流れと言うか、開発の波が迫っている現状の中、美しい馬毛島が変ぼうしていく姿が写真を見ながら何とも悲しく淋しい限りです。私はもう一度、馬毛島に行きたいと思っている次第です」

「私は昭和二十八年四月〜三十六年三月まで在島。榕城中馬毛島分教場勤務（八年間）。掲示の写真で昔を思い出し、懐かしさで一杯。よくこんなにたくさんの写真を集められたことと感無量です。当時を懐かしく思い出させて頂き感謝」

「種子高卒直前に友人三名と馬毛島見学に行った想い出を思い出しました。馬毛島の美しさはまだまだ。この展示会に来て思いました。今後、馬毛島が美（自然）と人間との付き合いを大事に発展する事を望みます。観光地になるよう努力したい。世界のハイビスカス、パイナップル、パパイヤ植栽？」

「二十八年前に馬毛島に貝取りに行ったのが最後です。この時は、自然が一杯で本当にきれいな島でした。壊れた自然は二度と取り返せないと思います。この自然を後世に残したいですね」

「写真を見させてもらい先人の人達の事を感じ、あらためて馬毛島の事を考えさせられました」

ぼくは子どものころ、屋根に上って夕日を見るのが好きでした。木造平屋の自宅には、石造りの門

屋根に上がるのによじのぼった石門

があり、家の壁に足をかけて門をよじのぼればすぐ屋根に足が届きました。時には屋根瓦を踏み割ってどぎまぎしながら、屋根に寝ころんで夕焼けを見ました。そこには必ず馬毛島がありました。

眺めるだけで会話が交わせているような、血を分けた兄弟姉妹のような存在、それがぼくの中の馬毛島であろうと思います。馬毛島に暮らし、島を後にした人々もきっと、故郷や肉親、友の記憶を馬毛島に重ねているはずです。

第三章　漂着

ザコ

命綱が要る。長さは？　太さは？

小さな冒険は、ロープを探すことから始まった。

二〇一三年五月七日火曜日、晴れ。馬毛島の西海岸には、物が無数に打ち上がっている。流木、樹脂の破片、飲料水のボトル、砕けた発泡スチロール、漁網、浮きなどの漁具も多い。ロープもたくさんある。太さは一センチくらいがいい。パドルを漕ぐのに邪魔にならず、六八キロの体とカヤックを結わえつける強度がほしい。荒海で転覆してもオレンジ色のライフジャケットがあるから沈まない。命綱でカヤックに体を引き寄せて、艇内に戻れる。

俺はイメージトレーニングをしながら、ロープを探す短い時間に覚悟を決めた。覚悟は、二つ必要だった。

一つは、恐怖に耐える覚悟。

もう一つは、死ぬ覚悟。

大海に漕ぎ出し、生きぬくために闘う。万一のときは従容として死に就く。

危険を避ける方法はあった。馬毛島は無人島だが、住民登録がゼロというだけで人が全くいないわけではない。地主会社の管理要員が数人詰めているらしい。事務所は葉山港の近くで電話も水も食料もある。

二、三キロ歩けば電話が借りられるだろう。迎えの船を呼ぶことができる。

しかし、スムーズにそういう展開にはならない。

まず、現れたこと自体が追及される。お前は誰だ。なぜここにいる。いつこの島に来た。どこから、どうやって、何をしにきた。「ここは私有地です。一一〇番します」と言われるに違いない。たとえ、迎えの船が来ても、到着までは時間がかかる。それまで、どんな顔をして待てばいいのか。種子島に帰ったら帰ったで、その先も似たような試練が待っている。

それはできない。そうするのなら、最初からこの島に来なければいい。意気地のない姿をさらして、たとえ命が助かっても、残された人生は想像するだに情けない。間抜けにも通信手段を無くして助けを求めたそうな、恥知らずの根性無しだと罵られ、笑われながら生きていかねばならない。

それでも、人が何と言おうと命あっての物種、人の噂も七十五日と堪え忍ぶ生き方はある。だが、その選択肢は早々に捨てた。俺も武士の末裔だ。

選択肢は、自力で脱出するか、助けが来るまでサバイバルするか。二つに一つ。

もし、漁船が通りかかれば助けを求めることはできる。しかし、それも地主企業に助けを求めるのと五十歩百歩のような気がした。他人に手間と迷惑をかけてしまう。

島を出たら、早く着かないと捜索が始まる。俺がこの島に渡ったことを知っている人はわずかだ。一方、島を離れたことは誰も知らない。帰りが遅いと島を探し、カヤックが無いので脱出したと推測され、遭難が疑われ、捜索に至るまでには数日かかるに違いない。そのころは黒潮に乗って、四国から東海、関東沖あたりの太平洋を漂流しているだろう。あれこれ考えると時間がいくらあっても足りない。余計なことを考えるのはもうやめよう。

生きて帰るために、可能な限りの努力をする。漕ぎ出したら途中でくじけない。気持ちを整える覚悟こそが必要だった。

長さ一〇メートルほどのロープはすぐに見つかった。手にとると端は縒《よ》りがほどけて一部ちぎれている。ナイフできれいな断面にしてから団子結びを一回した。片方の端を腰の周りに巻き付けて結び、もう片方を舳先の金具にくくりつける。こうすれば、転覆して海に投げ出されても、浮いた船体にすがりつくことができる。簡単に沈むことはない。また乗り込むこともできる。

そろそろ、カヤックを運び、荷物を載せよう。

これまでカヤックを百メートル以上漕いだことがなかった。これから少なくとも一五キロの距離を漕ぐのだ。途中、波やうねりの大きいところもある。岬や海峡には潮流もある。

干潮は午後一時半頃。その時刻にカヤックを波打ち際に運んでおけば、徐々に満ちてくるから容易に岸を離れることができる。

日没までに種子島に着くように、出発のタイムリミットを逆算する。日没は午後七時ごろ。幅一二キロの海峡までの距離は三キロほど。計一五キロを漕ぐのに何時間かかるのか。人が歩く速さくらいで行けると考えれば、時速四キロ。単純計算すれば四時間弱、途中の休憩時間を一時間足して五時間。日没の七時から逆算すれば午後二時がタイムリミットになる。干潮の午後一時半以降、遅くとも午後二時には出発しよう。

まず、カヤックとパドルを水際に運んだ。地層の断面が露わになっている岩や離水サンゴ礁の上を歩く。次に荷物を移動する。デイパックのリュックを入れた防水パックが一番大きい。テントや望遠レンズ、カメラを入れた防水パックを両手に提げて行く。

荷物を手に岩場を歩いていると、足下に潮だまりがいくつもあった。その一つがキラリと光り、動くものがあった。キビナゴの群れだった。潮だまりは最大幅五〇センチ、長さは二メートルと細長い。深さ二〇センチそこそこの小さなプールをグルグル泳ぎ回っている。

「ザコか、食い物だ、刺身だ」

キビナゴのことを種子島ではザコと呼ぶ。

全身が胃袋になってつぶれて張りついたような空腹感にさいなまれていたから、食い物にしか見えない。両手を合わせて、神に感謝し、尊い命をいただこう。

潮だまりのキビナゴ

十数匹。細長い体に銀色のストライプが神々しい。長さは十数センチ。左右の手首を合わせるようにして水の中に差し入れ、キビナゴの群れを縁へ追い込む。逃げ場を失ったキビナゴは干上がった岩の上に飛び上がりピチピチ跳ねる。一匹ずつ食う。刺身造りに刃物はいらない。頭をちぎり、首の付け根から親指を入れて尻尾の方へ腹を割く。内臓を取り出す。背骨を真ん中で折り曲げて、折れたところから骨を外す。尻尾をつまんで塩水で洗えば出来上がりだ。腹を割いて驚いたのは、小さな体に黄色い真子（卵巣）や白子（精巣）がきちんと入っていたことだ。それも丁寧に胃袋や腸などの内臓から選り分けて口に運んだ。

透明な身がコリッと音をたてる。ゆっくり噛んでのみ込む。塩分に覆われた身は甘味がある。

〈たんぱく質だ〉

一回目に七匹、二回目は八匹いたから計一五匹。満腹にはほど遠いが、咀嚼され食道を通って胃に入ったキビナゴは十二指腸、小腸を経て栄養分、エネルギーとして吸収されていくという実感があった。たんぱく質を補給した。

〈三郎さんが、食べろと用意してくれたのかもしれんなあ〉

一匹ずつ大事に口に運びながら、ふと、そんな気がした。

「三郎さん」は種子島の領主、種子島家の若殿だ。

昨日の朝、三郎さんに会った。会ったと言っても供養塔である。種子島家の第八代当主清時の長男、三郎君のことだ。十七歳で家来に殺された。馬毛島に鹿狩りに来たときに謀殺されたそうだ。家督は弟が継いでいる。種子島家譜が「人と為り暴悪にして家を嗣ぐの器にあらず」と若殿を批判し、弑殺した家来をかばっているような表現をしているのもどこか腑に落ちない。だから、お家騒動の犠牲者なのだろうとみられている。

供養塔が王籠港近くに建てられたのは江戸時代らしい。山川石でできた立派なものだ。山川石は薩摩半島の山川で産出する淡い黄色の石。溶結凝灰岩といって、やわらかいが風化に強く、種子島家や島津家の歴代当主夫妻の墓石に用いられた。長年の風雨に耐え、吹き寄せられる砂に下部の方から埋もれながらもしっかり残っている。

昨日の朝、西海岸を歩いていたら、石塔群が見えた。

転倒した供養塔

〈あれっ〉

三基ある石塔のうち向かって左端の笠石が前に転げ落ち、地面にひっくり返っていた。風か？　シカのいたずらか？

転倒の理由はわからない。とにかく元に戻そう。手で触れるのは初めてだ。笠石をもち上げて台石に載せ、ずり落ちないように重心を確かめながら、手をはなした。

石塔の前には褐色のビール瓶と青いガラス瓶が砂に埋もれて、首から上を出している。馬毛島に渡って来た人たちが、花や御神酒を手向けたものだろう。

御神酒は持ちあわせていないので、代わりにペットボトルの水を供えようと思いついた。五〇〇ccのボトルに八割ほど入っている。瓶のふたのような小さな容器が地面にあったので、おちょこ代わりに水を注いで石塔の前に置き、二つの瓶にも注いだ。

「どうぞ、お心安く」

三基の石塔に向かって手を合わせた。

〈ザコは、三郎君の恵みに違いない〉

一五匹すべて食べ終えて立ち上がりながら、また思った。

ボトルの水はあと一〇〇ccくらいしか入っていない。出発のときに半分を飲んで、残り半分は海峡にさしかかった時、力水のように飲むつもりだ。

石塔に御神酒がわりに水をついだのを思い出した。あのとき、埋もれていた瓶がすぐあふれ、ボトルの水はさほど減らなかった。内心、ホッとした。貴重な水はほとんど底をついていたから。

水のありがたみといえば、俺はアザミを食った。

昨日の夕方だ。

アザミ

マゲシカはアザミを食べると聞いた。つくだ煮なら俺も食べたことがある。葉の芯だけを甘辛く煮詰める。ごはんのおかず、焼酎のつまみとしてもうまい。ただ、今は食料ではなく水分補給を思い浮かべている。あの太い芯は水分をたっぷり含んでいそうだ。

マゲシカを遠くから観察すると、首を伸ばして地面に鼻をつけるようにして何かを食べている。肉眼ではとうていわからないので、超望遠レンズで撮った写真を拡大して確認できたのはキノコ（マッシュルームの類）とヤエムグラだ。アザミには鋭いトゲがある。あんなのを口にして痛くないんだろうか。それを確認できたのが五月六日だった。

西海岸でマゲシカがしきりに食べていたあたりに近づくと、アザミが生えていた。シカの噛みちぎった跡がないか探し、それらしい跡がわかった。糞がたくさん落ちていた。つやつやと黒光りしている新しい糞が、アザミの新芽の上に乗っていた。

「そうか、このやわらかい芽を選んでいるのか」

そう、合点がいったと同時に自分も食ってみようと思った。トゲに刺されないように手袋をしたまま一枚、注意深く摘み取った。長さ一〇センチほどの若葉だ。注意しても手袋を通してチクチクとトゲが指を刺す。小さな傷みを我慢しながら、葉の左右をちぎって真ん中の芯だけを残す。口に入れて奥歯で噛んだ。じわっと水分がしみ出し、舌の上に広がった。

「うまい」

わずかな湿りが乾いた口内を潤す。まさに甘露の水だった。これはいけると、二枚目、三枚目とちぎっては噛み、ちぎっては噛みして、十枚ほどの水分を摂ったころ、口の中がいがらっぽくなってき

アザミの若葉とシカの糞

た。えぐみがたまってきたようだ。ペッと吐くと唾液が茶色かった。灰汁《あく》が強いとはこういうことかと納得して、それ以上ちぎるのをやめた。

五月三日

時計の針を巻き戻す。

瀬渡し船の右舷からカヤックを下ろしたのは、五月三日の午後三時すぎだった。ここは、馬毛島の西海上。自然の躍動する初夏の島が見られる期待感から、気分は高揚していた。

馬毛島上陸は、会社を辞めた二〇一二年の夏以降、これが五回目。カヤックで無人島に上陸するのは、秋以降三回目。上陸はこれが最後と思い二泊するつもりでいた。

「今度はちょっと長くいたいから。帰りは、明後日か、しあさって」

「帰るときは、ケータイで連絡してくれな」

「はい。そいじゃ、よろしく」

はっきり「二泊」と言わず、帰りの日時を打ち合わせなかったのが大きな間違いだった。

今思えば、はじめの心づもりより到着が遅くなり、初日は行動時間が短くなっていたから、二泊しても不十分かもしれないという意識が起きていた。何度か野宿の経験を重ねてもいたから、「無人島」の厳しさを忘れ、油断していた。

岩場に着けたカヤックを下りて荷物を降ろし、カヤックとパドルも引き揚げた。ひと息ついてから、ハマヒサカキの林近くにテントの袋を置いて、北へ歩きだした。

西海岸を歩いて池田小屋あたりの供養塔の様子を見に行きたい。日没まで四時間しかない。海岸歩きはきちんとした道があるわけではない。平坦な砂丘や原っぱは歩きやすいが、低木が生い茂ったり、ごつごつした岩石の間を進むのは骨がおれる。少し焦りも手伝って、テントを張る場所だけ見当をつけて、設営は後にまわした。

草地に二又の角のあるシカの死体があった。前年の晩秋に見つけ、一月にも見ているから、これで三回目。冬場は腐敗と白骨化の進行が遅いようだ。さらに歩くと今度は雌鹿の死体があった。腹部が異様に膨らんで、すでに腐臭がただよっている。

ふと崖の上をみると、トラックのような車が見えた。運転席の男が海の方を見ている。急いで木陰に身を隠した。こちらに気づいたかどうかは分からない。上からなるべく見えないように、木陰や岩場伝いに北上した。物陰に小走りしたり、しゃがんだりしたので少し汗ばんでくる。巨岩が並んでひさしを作っているところは、陰にいるだけで涼しい。腰をおろして汗が引くのを待った。立ち上がって歩きはじめたとき、また車が見えた。

二百メートルほど先の海際に、今度は四輪駆動車が止まっている。トラックでは崖が下りられず別の四駆で回ってきたのか。

じっと観察していると、一人、磯に入っていく。しばらくして四駆は引き揚げて行った。どうも潮干狩りにきたようだ。アナゴ（アワビの仲間）か海藻をとりに来たのだろう。俺を捜しているのではなさそうだ。

〈やっぱり見つかってはいないな〉

物陰にじっとしていたので、かなり時間をロスした。北へ、行けるところまで行ってみよう。

前年夏に見た西海岸の泉を思い出していた。ハマヒサカキなど照葉樹林の崖下に広い池があった。降雨の少ない秋冬を経ても同じように水を豊かに蓄えているだろうか。

泉はあったが、水面の形が違うし、同じ場所かどうかはっきりしない。水際にたくさんシカの足跡があった。シカたちが水を飲んだのだろう。

川原で息絶えた雌鹿

谷間を水が流れ落ちてくる。西海岸の斜面は急なところが多く、河口を作っている場所は少ない。数少ない河口のあるあたりにさしかかると、上流側に一頭のシカがいた。すこし様子がおかしい。歩み寄ると、背中を見せて逃げようとするが、立ち上がれない。後ろ脚や、下半身の自由がきかないようだ。座った格好のまま、グルグルその場を回っている。俺は、立ち止まって呆然としていた。シカはこちらに向き直って、カヤの葉陰からのぞくように、じっと見つめている。あきらめたように、弱々しく切ない目だ。

〈なんだ、きみは動けないのか。どうしたんだ〉

腰のあたりに毛が抜けたような跡がある。黒っぽく帯のようになっている。後ろ脚の関節も黒ずんでいる。けがをしているのだろうか。水を飲みに来たあと力尽き、動けなくなったのか。動けなければ、このまま死んでいくのだろうか。さっき見かけた二つの死体をいやが上にも連想した。

〈俺には、きみを助けてやる力がない、すまんな〉

それ以上は近づかないように海側を回りこんで通り過ぎることにした。

細い流れを渡り、再び北へ向かう。自然に急ぎ足になる。今見たシカの顔が頭にこびりついている。

しばらくして、大平瀬が見えたが、日没が近づいたので引き返すことにした。先刻、座ったシカを見た川原にさしかかるころには日が落ちていた。暗がりにシカの気配はなく、様子が全くわからなかった。

テントを張り終えて携帯電話の時計を見ると、午後八時近い。闇に夜風がひんやりした。ランプをつけたテントの中で食事をしながら翌日の日程を考えた。今回は神社を見つけたいと思っていた。夜明けのころに着くように未明には出発しなければならない。

八時半には寝た。

五月四日

目が覚めたのは午前一時すぎだった。五時間ほど睡眠をとった。出発にはまだ早い。もう少し寝よう。まどろみながら時間を待った。午前三時少し前、身支度をしてテントを出た。斜面を登り、ハマヒサカキの林を抜けていくと、陰暦三月二十五日の細い月が前方にある。十字路沿いの調整池に月の光があたっている。岳之腰を左に見て北上した。

神社は葉山港の近くにあるはずだ。なんとか鳥居を見つけたのは午前五時すぎだった。比較的新しい鳥居の奥に祠があった。一礼して引き返すときに、小さな獅子の置物が目にとまった。だれが置いたのだろうと思いながら、市道伝いに学校を経て帰ることにした。

学校の校庭は緑が鮮やかだった。もとは土の地面だったというのが信じられない。鹿は見なかった。時刻は午前七時半すぎ。ここで朝食にする。握り飯一個とバナナ、魚肉ソーセージ各一本。学校を出て高坊に寄った。洲之崎の漁師たちの基地だったところだ。漁師たちが焼酎を飲んで語り合ったという広場に石塔が立つ。石塔の根元に、イワタイゲキの黄色い花が咲いていた。海に近い地面にはオカヤドカリがいた。サンゴの石を積み上げた住居跡が数十軒分、ハマボウの茂みの中に整然と並んでいる。石垣の間の通路には、踏み石らしい敷石が並び、その上に木の葉の影が揺れていた。まだ十一時前で少し早いが、軽い昼食をとることにした。木陰で写真機材やナップザックを降ろすと、背中を涼風が抜けて心地よい。角巻《つのまき》と水分補給で生き返った。

テントには夕方までに帰ればいいから時間はたっぷりある。海岸伝いに南部の住吉小屋も見ていこうと思った。ハマボウの林をすぎて、南北路の南端に出た。地下足袋はごろごろした石ころ道が長く

石垣と踏み石

続くと、足の裏が痛くなる。途中で渡り鳥のムナグロの群れを見た。夕暮れ近いのでピント合わせは厳しいが、何枚かシャッターを切った。住吉小屋の石垣を過ぎて西海岸の砂浜を進む。この辺の砂丘に椎ノ木遺跡があるはずだ。太陽はすでに水平線の下にかくれている。薄暮の中に津波石があった。

紛　失

テントの中で夕食をすませ、翌日の準備をしながら、重大な事に気づいた。携帯電話が無くなっていた。メモ帳と一緒に入れていた防水の袋ごと失せている。顔と背中から血の気が引いた。

どこで無くしたか。記憶の糸をたぐる。

初日、カヤックは無事に着いた。上陸直前、船長に「帰りは明後日か、しあさって」と言っただけで、具体的な日時の打ち合わせをしないままだった。船上でカヤックを組み立てるのに忙しく、カヤック上陸三度目の慣れもあって、帰投時の打ち合わせをおろそかにしてしまった。カメラやテント、食料の入った荷物を下ろし、カヤックを引き揚げた。西海岸を北上し、途中で日が暮れて引き返した。テントを張って食事をし、寝た。翌朝、神社探しに行った。携帯電話の袋はひもでベルトに結びつけていた。藪の中で、何度も木の枝に引っかけた。あの時か。茂みでひもがほどけ落ちたのに気がつかなかったのだろう。

時刻は、携帯電話で確かめていた。潮の満ち引きや、月の満ち欠けと出入りを知るデータも携帯電話に記録していた。迎えの船が呼べない。しばらく呆然としていた。

気を取り直して、今から何をすべきか考えた。

〈きょう通った道を歩いて、携帯電話を探そう。水と食料を節約しよう〉

食料と水は、三日分を準備していた。真冬だった今年一月には、携帯のコンロも持参したが、今回は携行品の減量のため、持たなかった。

一日目　夕（握り飯二個、ヒッツボグレの干物の焼き魚、紙パック野菜ジュース、バナナ一本）

二日目　朝（握り飯一個、バナナ、魚肉ソーセージ一本）

昼（角巻一個、カロリーメイト二本）

夕（握り飯二個、ヒッツボグレ）

三日目　朝（あく巻二分の一、オレンジ一個）
　　昼（あく巻二分の一、オレンジ一個）

ヒッツボグレというのはイスズミダイ。「ヒッツボ」は方言で「穴」「肛門」を意味し、「クソヒッツボ」などの合成語（「クソ野郎」のような語感）をつくる。磯の香の強さが敬遠されてのネーミングだが、干物は抜群に旨い。

角巻は、ダンチクの葉二枚をずらして重ね合わせた円錐形の中に、灰汁につけた餅米を包みこんで灰汁で煮る。仕上がりの姿は緑色をした三角の四面体風、葉の柄が二つ動物の角のように突き出ている。

あく巻も餅米を孟宗竹の皮で包み同様につくるが、形は平たい棒状をしており、角巻より大型で焦げ茶色の竹皮パックに風情がある。どちらも種子島ではポピュラーな保存食である。

このほか、オールアップル一袋、ビスケット五枚二袋、クラッカー小四袋、チョコレート二箱、キャンディー一袋。飲料水はペットボトル二リットル一本、ポカリスエット五〇〇cc二本、さんぴん茶五〇〇cc一本、同三五〇cc一本。水は当初、二リットルボトルを二本用意していたが、写真機材やテントなどの装備との兼ね合いで迷った末に一本を削った。

ちなみにカメラはデジタル一眼レフ二台、レンズは望遠ズーム二〇〇－四〇〇ミリ、高倍率ズーム二八－三〇〇ミリ、広角一八ミリ。四〇〇ミリ望遠を一・四倍（実質五五〇ミリ）にできるテレコンバーター、ストロボ、三脚。三脚以外は防水パック三つに分けた。防水パックは、かなりかさばっていたから、断腸の思いで水を削ってしまったのがあだになった。

残っているのは、三日目以降の分。

三日目朝（あく巻二分の一、オレンジ一個）、

同　昼（あく巻二分の一、オレンジ一個）。

このほかオールアップル一袋、ビスケット五枚二袋、クラッカー小四袋、チョコレート二箱、キャンディー一袋。水は、二リットルボトル一本しか残っていない。

五月五日、六日

携帯電話は、結局見つからなかった。

迎えも来なかった。上陸四日目の六日は来てくれるだろうと、甘い期待を抱いた。しかし、北西の風が強まり時化になった。近くに漁船が来たが波にあおられて遠目にも揺れが激しい。網を上げて、帰って行った。船体に波しぶきが吹きつけている。カヤックで乗り出す気にはとてもなれない。海岸で食い物を探し、カメノテを食った。うまいが腹の足しにはならない。カニがたくさんいたものの、

荒れる海に現れた漁船

食うのはやめた。残る水は五〇〇ccに少し足りない。
これからは、なめるようにする。

五月七日

五日目、風が弱まり、海は凪に向かっている。迎えを待つことにしようか。しかし、来なかったら、どうする。食料は尽きた。もう最後だと思い、日の出前に岳之腰に登った。水はもう一〇〇ccほどしか残っていない。

助けを求める手段がないことはない。地主企業の事務所に行って電話を借りればいい。

しかし、それはできない。ならば、カヤックで漕ぎ出るしかない。

百メートルも漕いだことがないのに。岬や海峡には、強い潮流もある。凪がいつまで続くかもわからない。カヤックで種子島まで、どれぐらい時間がかかるか。まず、自分のひと漕ぎでどれぐらい進むのか。初心者の速度として仮に二メートルとして、一分間に三〇回漕いだら六〇メートル、一〇分で六〇〇メートル、一時間で三・六キロ。ほぼ歩く速さくらいになる。海峡までの三キロと種子島までの一二キロ、計一五キロをノンストップならほぼ四時間。途中の休憩時間を一時間として五時間かかる。

いつまでに着いたらいいか。明るいうちに着かなければ危険度が高くなる。日没は午後七時ころだ。薄暮をすぎて完全に夜の暗さになる七時半ころまでに種子島にたどり着くためには、遅くとも日没の五時間前には出なければならない。

だから、出発のタイムリミットは午後二時。ぎりぎりまで迎えを待って、来なければスタートしようと決めた。

船の速度は通常、ノットであらわす。一ノットは、一時間に一マイル進む速さだ。一マイルは一海里（一八五二メートル。海面上および航海上の距離の単位）。一海里は、子午線の緯度一分に相当する距離で、ヤード・ポンド法のマイル（一六〇九メートル）とはことなる。長距離シーカヤックの巡航速度は三ノットほどといわれることは後で知った。

素人計算ではじいた「ひと漕ぎ二メートル、一分間に三〇回」は二ノット弱にあたり、あながち的外れではなかった。潮流や風の影響を除いては……。

13：42

出発のタイムリミット、午後二時が近づく。そろそろだろうと、カメラのデジタル表示を見た。時刻は「13：42」になっていた。

さあ、荷物を載せよう。

足裏に鋲を打った磯タビをはき、カヤックの舳先側の足下右に高倍率ズームレンズを装着したカメラ（Ｄ７００）入りの一五リットル防水パック、足下左には三脚を潜り込ませた。背中側の艫《とも》にはもう一台のカメラ（Ｄ４）と一八ミリレンズなどの入った二五リットルパック。艫のカンバス上にテントや衣類、ゴミの入ったリュックを詰めた四五リットル、舳先のカンバス上に望遠レンズを入れた三〇リットルの防水パックをセットした。水が空になったペットボトルは押しつぶしてパックに入れた。食料も無くなっているので、出発時よりかなり減量し、コンパクトになっている。

防水ヤッケの胸ポケットは、右に双眼鏡、左に五〇〇ccのペットボトルを入れた。ペットボトルに水が一〇〇ccほどあったのを半分口に含んで、残りは海の上で飲むのに残した。

出航準備完了。緑色の手袋をし、パドルを手にして磯の岩場を蹴った。カヤックは、飲料水や食料の重量が減った分、重心が低くなり、安定感が増している。

風は北から北東寄りだ。北回りをとるか。南回りをとるか。

北の「上ノ岬」へ向かうコースと、逆に南の「下ノ岬」に向かうコースがある。南の下ノ岬へは一・五キロ。住吉小屋跡のある南西端を東に曲がり、島を左に見て二キロほど行けば一二キロの海峡に出る。北に向かえば、上ノ岬まで約三キロ。そこから海峡を渡る。

どちらも最短距離はほぼ同じ一五キロ。上ノ岬も下ノ岬も、カヤックにとっては潮の流れがぶつかる難所に変わりは無いだろう。どちらにするか考えて、北のコースを選ぶことにした。岬に出たときに北寄りの風に押されたら、北のコースなら元の島に流れ着きそうだが、南のコースをとれば島から離れることになり、危険が大きいような気がした。それに、岬に至るまでの距離が長い分、より長くパドル捌きを練習することができると思ったからだ。

海岸の北と南を見渡す。やはり、迎えの船は来そうにない。漁船の姿も今日は無い。

「さあ、行くか」

潮流もあるはずだが、どっちにどれくらいの速さで流れるのか、わからない。今は度外視しよう。一抹の不安はあるが、今となっては恐れていても始まらない。むしろ、不安を振り切って挑む気持ちに徹することに集中する。都合の悪いことは考えないようにしようと決めた。カヤックで百メートル以上を漕いだことは無かった。漕いでいくしかないとわかっちゃいるが、自信は無い。西海岸の北方向を見ると、一キロほど先に大平瀬の岬が突き出ている。

〈あそこまで行けるかなあ。だめだったら、岸に上がればいい〉
二、三〇分も漕いだだろうか。大平瀬の岩場をすぎるころ、ポチャッと音がした。左手を見ると、ウミガメが頭を出していた。また、すぐ海中に潜った。しばらく行くと、底の平らな浅瀬にさしかかった。海底の岩肌が太陽の光を反射して白く光り、カヤックの影がゆらゆら進む。そこへ今度は、舳先の右から左へウミガメがスーッと横切って行った。
ウミガメの泳ぎ去った海底が、まだらに青く揺れている。

きれいな海だ。

そんな観察は、航海の不安を拭い去るためだった。未知の海に乗り出す不安は恐怖にかわる。恐怖に立ち向かい、忘れる。

「いけそうじゃないか」

そんな自信が少し生まれていた。北の灯台まで二キロ。灯台を回れば、種子島まで一直線だ。岬に近づくとだんだん波が高くなった。カヤックは海面に張りついたように密着しているのでするりすると乗り越えていく。小気味いい感覚だ。

そろそろ、巡航態勢に入る。カヤックが海上を進むイメージを体になじませる。パドルのブレードを海中に差し入れ、そこを支点に船体を前方に引き寄せて移動させる。海中からブレードを抜いた瞬間に最も艇速が出る。逆にブレードを海中に入れたとき瞬間的に停まる。右、左、右、左……。

島を右手にして漕ぎ進む。やがて、砂丘に黄色がかった薄茶色の供養塔が三基、はっきり見えた。王籠港と池田小屋集落の石垣が灰色に重なっている。岬港のこげ茶色の堤防と能野小屋もすぎた。

波のぶつかり合う上ノ岬が近づいてきた。風がきつくなる。最大の難所だ。なるべく陸地に近いところを通り、岩と岩の間をすり抜ける。白い灯台付近にさしかかった。

うねりが高い。凪とはいっても三、四メートルはありそうに思えた。北の大隅海峡の方向、進行左手からうねりが岸に向かって寄せてくる。波の山が丸い。カヤックをうねりに四五度から三〇度くらいの角度につける。波の頂点を上りつめる時は漕ぐのをやめた。というより、漕いでなどいられない。パドルの先が海面に届かない。転覆しないようにバランスをとって、やじろべえのように構えたり、パドルのブレードで海面を押さえたり。

〈転覆して海に投げ出されても命綱があるから大丈夫だ〉

〈パドルは放さんようにせんといかんぞ〉

自分に言いきかせ、心して波に乗り込む。波に持ち上げられてカヤックは頂点に上る、かと思う次の瞬間には滑り落ちた。一度越えるとまた次の波が来る。波の谷間に落ち込むと周りは海水と空しか見えない。どこを向いて進んでいるのかわからない。不安になるが、常に体を反応させなければならないから、不安などすぐに吹き飛んでいる。波乗りを繰り返しながら、崩れ落ちるほどの波ではないと気づき、安心した。波の頂上が白く泡立つところもあるが、襲いかかってくることは無かった。結構楽しいじゃないかと思った。そうこうしているうちに、難所は過ぎたようだった。

　大きなうねりの中にいるときには見えなかった水平線が、また見えるようになった。灯台を過ぎ、幅一二キロの海峡に出た。正面の水平線に種子島、右斜め後ろに馬毛島がある。

　さあ、これからだ。今までの四倍漕げば、西之表に着く。

　種子島の西之表港は昔、赤尾木港と呼ばれた。常緑樹アコウが繁る城下町の港だ。アコウは「榕」とも書き、種子島家の居城を榕城といった。俺の出た小学校も中学校も榕城の名が付いていた。赤尾木港は、水軍の拠点だった。種子島家を支えた水軍は、鎌倉時代に関東の三浦半島などから流れてきた武士集団だった。俺はその末裔。若いころ、心身の鍛練にボートを選んだのも、どこかに、海に生きた古い血の騒ぎがあったように思う。

　パドルを置いて、左胸からペットボトルを出した。底から二センチもない水を口に含んでゆっくり飲み込んだ。両手でボトルを押しつぶし、また左胸にしまいこんだ。

　両足の小指辺りが痛い。圧迫されて窮屈になっている。

〈そうか、磯タビをはいたままだ〉

　両足の磯タビを脱ぎ、裸足になる。足先の圧迫感がとれて楽になった。脱いだ磯タビを、背中のカンバスの下に押し込んだ。

「よし、行こう」

上ノ岬をやりすごした後は、穏やかな海原が広がっている。うねりが視界を閉ざすこともない。漕げばこぐほど水平線上の種子島の厚みが増してくる。

一時間以上漕いだだろう。後ろを振り向くと、平べったい馬毛島の島影が、ふだん種子島から眺める形に近づいてきた。岳之腰が中央にあり、なだらかな稜線を描いている。伐採された造成地と残っている樹林の境目がくっきり見える。開発会社のビルが青と白のツートンカラーで光っている。

西之表の市街地は、右手の高台に立つ清掃工場、国の合同庁舎、中央に白い市役所の四階建て、八階建てのホテルニュー種子島、九州電力の青い煙突がよく見えた。

横一線の建物群を眺めながら、ひたすら漕ぐ。

第一目標にしたのは清掃工場だった。清掃工場は、市街地から少し南に外れた緑の中に白く独立して目をひく。最初は市街地との距離は目立たないが、種子島に近づくにつれて間隔が開いていく。

これは後でわかったことだが、海峡の潮流はこの日、午前中は南西から北東方向に流れた。昼頃から向きが変わり、北東から南西方向に徐々に流れを速めていた。カヤックは、大隅半島方向から海峡を南西に向けて流されていた。次に潮の向きが変わる夕方までは……。

巻き網船団

右手に、見慣れない船団がいた。網船など数隻。後で聞いたら、宮崎の巻き網船団、いわゆるキンチャク船団だった。船首を種子島に向けている。俺のカヤックに伴走しているようにも見えた。見られている気がして、力強く漕いだ。

そのうち、海峡の途中で、カヤックはキンチャク船団を追い抜いてしまった。網船の船尾付近に人が一人立っているのが見える。ランニング姿だろうか。何やらのんびり、こちらを眺めているようだ。それでやっと、向こうが止まっていることに気がついた。

彼らの仕事は、夜だ。おおかた今ごろは船の上で寝ているのだろう。船団は徐々に遠のいていく。また心細くなった。

左手を後方から高速船が白い波を蹴立てるように走ってきた。はるか左前方に向けて滑走して行く。船の吸い込まれて行くところが西之表港。北の鹿児島からと、南の屋久島からの船が西之表港に入り、時間をおいて、航路を逆に去って行く。種子島と鹿児島や屋久島を結ぶ高速船の出入りを数回見た。航跡は、屋久島往復の船がカヤックの進行方向の右手、鹿児島往復の船はすべて左手に見えた。

〈向こうから、こちらが見えているだろうか〉

ひと息つきながら、振り返ると、太陽がかなり西に傾いている。

〈あと何回漕げば着くんだろう〉

ひと漕ぎ二メートルなら、五千回で一〇キロ。

イッチ、ニー、サン、シー、ゴー、ローク、シッチ、ハーチ、クー、ジュウ、ニイ、ニー、サン、シー、……、サン、ニー、サン、シー、……。

単調になるので、ときどき、「力漕十本」のインターバルをとりいれた。

「パッドルーッ」

「引き上げるよーッ、ローイングーッ」

そんな掛け声をかけて力漕する。高校、大学ではボートを漕いだ。だから昔なじんだ掛け声が口をついて出る。

ボートで少し脱線する。俺の親父は旧制中学(現甲南高校)時代に剣道の全国大会に出たのが自慢で、榕城中学校に入学した俺に剣道を勧めた。ところが、俺は青春の迷いから卓球部に入り長続きせずに途中でやめた。中学を出て鹿児島市の鶴丸高校に入学し、同じクラスの剣道部員に誘われてその気になったが、今度は下宿の先輩に引き込まれてボート部に入ってしまった。練習場は錦江湾。磯海水浴場に艇庫があり鹿児島大学のボート部の学生がコーチだった。高校生はナックルフォアという、頑丈で安定性の高いボート、大学生はシェル艇に乗っていた。シェル（貝殻）という名前からしてスマートな船体にくらべ、ナックル艇は武骨だ。大学には華麗なエイトがあった。カヤックを漕ぎ、声を出しながら、かつての海や川が目に浮かんだ。

数え続けた回数が二千を超えた頃、異常に気がついた。西之表の市街地がなかなか大きくならない。おかしいと思って、漕ぐ手を休めると、むしろ市街地から遠ざかるように見える。逆に後ろの馬毛島は、小さくなったはずなのにまた大きくなったような気もする。

〈おかしいなあ、錯覚かなあ〉

首をひねりながらも漕ぎ続けた。しばらくすると、今度は、真っ直ぐにいかない。少しずつ左に曲がっていく。

〈左が、弱いのかなあ〉

疲れて左腕の力が弱くなったのかと思い、漕ぐのをやめると、カヤックは艇速を落としながら、市街地に向けていた舳先が左に振れる。種子島北端の喜志鹿崎方向から鹿児島方向へと回転してしまう。漕ぎ出す前に頭をよぎった潮流のことは、このとき、すっかり忘れていた。

〈これは、何かの間違いだ。疲れたから、錯覚だろう〉

「パドル一〇ポーン……」

一人で叫びながら、漕ぎ続けた。漕いではパドルを止めて舳先の動きを見る。それを何度も繰り返した。

錯覚かと思った現象はやはり潮流によるものだった。この日から二年後の二〇一五年四月、海上保

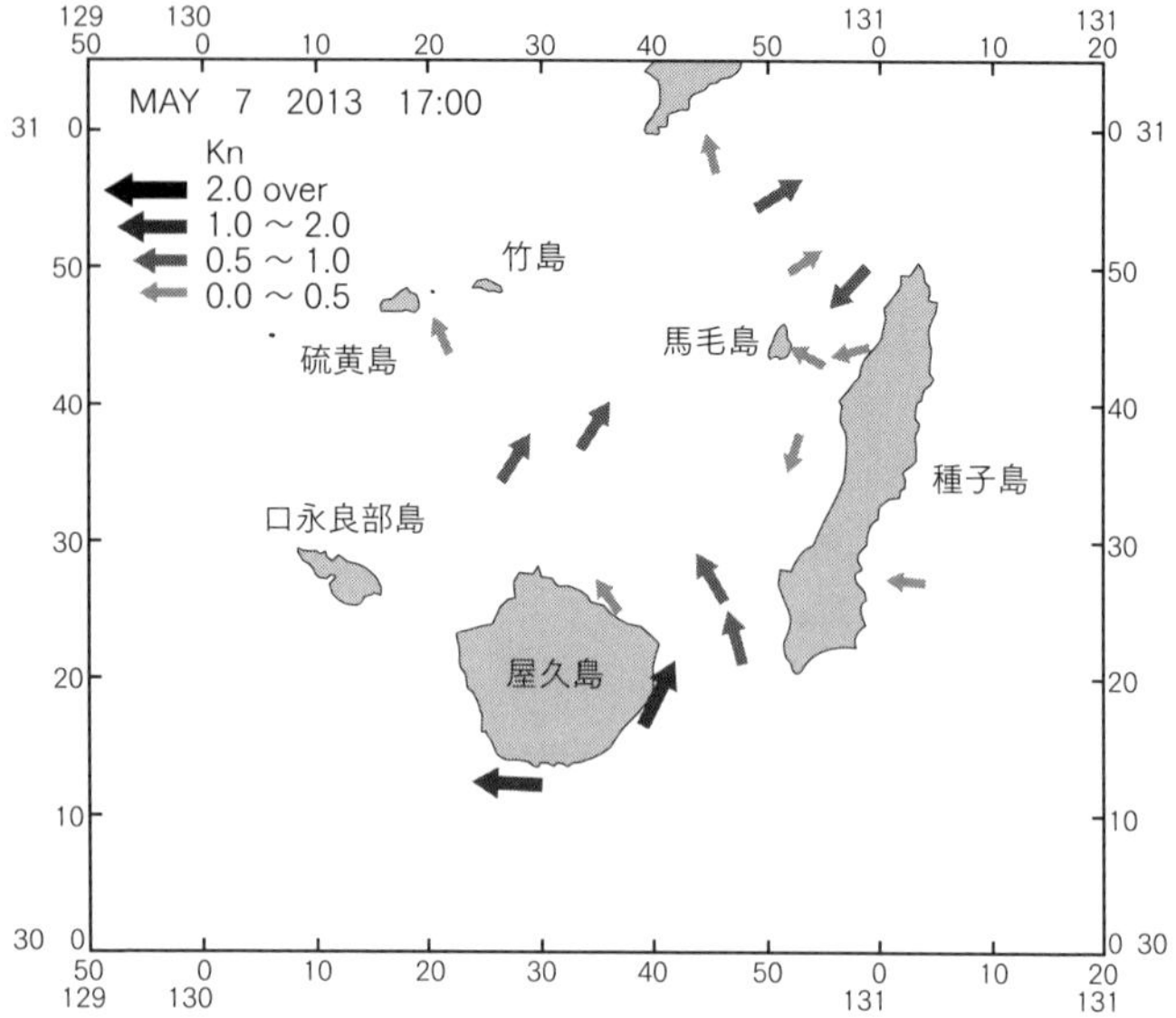

午後５時の潮流推算図（第十管区海上保安本部作成）

安庁のホームページに馬毛島周辺海域の潮流図があるのを見つけた。「五月七日」の潮流はどうだったのか。ホームページで過去のデータはわからないが、推測する手立てがあった。潮の干満は月齢で変化する。二〇一三年五月七日は陰暦三月二十八日だった。満月の十五日を十日以上すぎ、新月の二日前である。二年たっても陰暦の同じ日なら、潮流も似ているのだろう、と。

二〇一五年の陰暦三月二十八日は、五月十六日だった。その潮流図を見て目を見張った。日没前の時間帯は、潮流の矢印が種子島から馬毛島に向いていた。漕いでも漕いでも、なかなか進まなかったわけだ。

鹿児島市の第十管区海上保安本部(十管)には「海の相談室」がある。電話で過去の潮流が知りたい事情を説明すると、うれしい答えが返ってきた。

「日付と時間がわかれば、推測できますよ」

より現実に近い潮の流れを教えてもらうことができた。

海の相談室によると、海上保安庁は調査ポイントを設けて、時々刻々変化する潮流の向きと速さのデータを蓄積している。種子島と馬毛島近海は、潮汐による流れと黒潮と呼ばれる日本海流（本流、及び支流）の影響も受けて複雑な動きを見せる。航行する船は、時刻によって潮流に乗れば加速できるし、逆流にあえば押し戻される。

ひとしきり漕いでは、清掃工場を見た。工場と白い市街地との間隔を頭に刻みつける。間隔が広がるのを楽しみに漕いだ。漕ぐ間は視線を海面に落とし、左右を見回す。西之表に近づけば、工場も街も大きくなり、馬毛島は小さくなる。そのチェックを繰り返した。

何度繰り返しただろう。工場と街の大きさ、間隔、馬毛島、三つの指標のどれ一つとして種子島への接近を示す兆しは、はかばかしくない。

やっぱり、少しずつ押し戻されている。

錯覚なんかじゃない。

〈潮流か！〉

ようやく気がついて、なるべく前を見ないようにしてひたすら漕いだ。状況は一向に改善しなかった。

ミネラル水

のどの乾きが広がってきた。水はもうない。

海水を飲んではいけないと、いろいろな本に書いてある。塩分が含まれているから、体液の塩分濃度が高くなり、かえって乾きが増すのだと。だからずっと飲まないでいた。我慢したが、本当にだめなのか試してみたくなった。くたびれた体は水分を欲している。発汗で塩分も放出しているはずだから、ある程度の塩分は補給すべきでもあるはずだ、などと考えたわけではない。ただ、水分がほしかった。パドルを体の前に置き、右手を海に差し入れて海水をすくい口に運んだ。

四、五回飲んだ。

「ん、旨いじゃねえか」

ミネラル分が豊富だから、真水よりもコクがある。天然の生理食塩水だなあ。最初はおそるおそる片手ですくったが、うまいうまいと、両手で立て続けに何回も飲んだ。背中にはりつきそうだった腹も落ち着いたような気がする。

何か歌でも歌おう。歌いながら漕ぐ。

「おっとーこーと、おっんなーの、あっいだーにはー、ふっかくーて、くっらいー、かっわがー、あっるー、だっれーも、わったれーぬ、かっわなーれ、どっー、えっんやこーら、こっんやーも、ふっねをー、こっぐー、ろっおーえんど、ろっおー、ろっおーえんど、ろっおー、ふっりー、かっえるーな、ろっー、おっー、ふっりー、かっえるーな、ろっー、おっー」

突然、右の足がつった。こむらがえりだ。足の指先も。パドルを置いてうつむき、目を閉じて痛みがおさまるまで、我慢する時間が長かった。

少し、薄暗くなった気がして、後ろを振り返ると、太陽があと三〇分ほどで沈みそうな位置まで降りてきている。まだ海峡の半分を越えたかどうかわからない。日没までに種子島に着くのはもう不可能だ。

市街地が遠ざかる。

〈漂流か?!〉

このまま行けば漂流だ。宮崎、四国沖から太平洋を流されてしまう。種子島に帰るのは、もう絶望的だ。疲れた。漕げない。眠い。

パドルを座席の前に置いた。うなだれると、ヤッケに首が埋もれて心地よかった。

〈もう寝よう。目が覚めたら、どこまで流されているだろうか〉

馬毛島上陸を知る人はいるが、島を出たことは知らない。心配して探して、いない、カヤックもない、じゃあ海か、と探し始めるまでに何日かかかる。その間に、太平洋か。

〈これで死ぬのかなあ。六〇年近く生きたから、もういいか〉

疲れてはいるが、苦しくはない。衰弱して息絶えたら、楽かもしれん。死体は、どこで見つかるだろう。いやいや、だいたい、見つかるだろうか。

〈夜が明けて、日が昇ったら暑くなるなあ……〉

どれくらいの時間そうしていたのか。うとうとと顔を上げる。薄暮の中で西之表の町が細く白く見えた。

〈あんなにはっきり見えるんだから、漕ぎ続ければ着かんはずはない。いつか必ず着く〉

パドルを握った。疲れがひいている。

「死ぬ気で漕げーッ」

誰にでもない。自分に自分が叫びながら、漕いだ。

四〇年前を思い出していた。大学でもボートを漕いだ。三年生時の合宿中、午後、エイトで荒川上流の埼玉県戸田市から、一〇キロ下流の地下鉄東西線鉄橋の先の東京湾までノンストップで漕ぎ下ったことがある。下りは快調。橋をいくつもくぐった。戸田橋、赤羽の東北本線鉄橋、隅田川との分岐点をすぎて鹿浜橋、堀切橋……行きはよいよい、帰りは恐い。

「イージョー（Ease oar ＝漕ぐのを止めよ）」

コックスの号令で、オールのブレードを水面に置いたのもつかの間。すぐに帰路についた。

「ノガミーッ、帰るぞーっ」

伴走するモーターボートからハンドマイクでコーチの声がした。四年生のコックス、ノガミさんに命じたのだ。監督やコーチが、意地の悪い悪魔のように見えた。

川を上る、帰りはきつかった。下流域は満潮の上げ潮だったかもしれないが、逆流の勢いはない。月明かりの中、戸田の台船にたどり着いたのは深夜だった。満月が頭上高く昇っていて明るく、艇をつける時に台船がよく見えた。エイトを降り、八人で肩にかつぎ、歩いて土手を越え、ボートコースまで歩く。艇庫までまた漕いで台船に着ける。艇番のオイチャンが懐中電灯を提げ心配顔で立っている。オールのブレードを引き寄せてもらう。艇を揚げて格納し、布でオールをふく。整理体操をする時もまだ地面が揺れていた。

荒川や戸田で、ボートは進行方向に背を向けて漕いだ。カヤックは前を向いて漕ぐのが違うけれど、ひたすら漕ぐのは、あのときと同じだった。

「いつか必ず着く」

それだけを信じ、パドルで水をつかみ続けた。

日中はじりじり焼けた首や背中が、涼しさを感じる。ふり返ると、太陽が水平線の下に隠れつつある。背筋が少し冷えた。

日没から三〇分もすると、すっかり暗くなった。月は無い。頼りは西之表の街の灯だ。西之表港の灯台が赤く点滅している。

モントリオール

何だか、蒸し暑い。

風がない。海面が、薄皮をかぶせたように静まっている。冷めたスープが脂肪の膜を張るように、盛り上がったり、凹んだり。微かなうねりがカヤックを揺らす。

〈べた凪！〉

満潮の潮止まりだった。潮汐流は干満のピーク時に止まる。その中間に最も速度が速くなる。問題は潮流の方向だ。潮に乗れば目的地に早く着くことができる。逆なら押し戻される。西之表沿岸の潮流は夕方、南南西から北北東に向けて流れ始め、最も速い夜半は二ノット近くに達していた。

ねっとりした海面……、これと似たようなものを、川でも見たことがある。

そうだ、やはりボートの練習で……

あれは一九七四年、大学三年の夏だった。俺の所属する早稲田大学漕艇部は、二年後のモントリオール五輪出場をめざしていた。翌年秋の全日本選手権大会で優勝すれば、五輪出場権を獲得することになっていた。

社会人を加えた全日本選手権に先んじて開かれるインターカレッジ（全日本大学選手権大会）に備えた合宿中だった。戦後初めて復活した大学選手権大会。決勝に残ったエイト四校の中で準決勝のタイムは、早稲田が一番良かった。ところが、台風の増水による被害で荒川が決壊した。戸田のボートコースも増水して決勝レースが中止になってしまった年だ。

一七三センチ、七〇キロ。漕手としては小柄な俺は早稲田の漕手八人のうち二番（舳先側から数えて二番目）を漕いでいた。

戸田のボートコースで上艇練習中に、せせらぎの音を聞いた。ボートの船腹を水が流れるように過ぎていく。

チロチロチロ……

静寂の中でささやくような清水の流れ。練習を終えた後、誰からともなく、言い合った。

「おい、聞いたか」

「おう、聞こえたぞ」

四年生の先輩も同学年も後輩も、みんな聞いていた。コックスを含めて九人が細長いエイトで一心同体になっていた。

〈馬毛島でも聞いたぞ〉

西海岸でウミガメとすれ違ったとき、カヤックの舷でチロチロと海水が流れていた。

いま、暗闇の中で、聞こえるのはパドルが奏でる水の音だけだ。

パチャッ、パチャッ……

ロボットの目

水平線のことを考えていた。子どものころ、鹿児島から誰か種子島にやってくるとき、高台に行って海を眺めた。大隅半島と開聞岳が見えるあたりに船影はないか。馬毛島の奥の硫黄島はいつも煙を吐いている。錦江湾を出て佐多岬を回った船が見えるのは煙や煙突からだ。その次に船橋、船体の全容が少しずつふくらんでくる。煙突から先に見えるのは地球が丸いからだと思いながら海を見ていた。

カヤックが馬毛島を出てから見る種子島は、高い所にある大きな建物がまず目に入る。海面から二

・五メートルの高さから見える水平線までの距離は約六キロだという。馬毛島と種子島の中間点まで来れば、海際のものまで見えてくるはずだ。
ただ、カヤックの座席は海面すれすれにある。フェリーや漁船に比べ、視野は限られる。

それに、暗くなってから気になったことがある。西之表港には長い防波堤がある。外海からの入り口が二つあったはずだ。暗闇で入り口がわかるだろうか。ぶち当たったら回ればいい。しかし、防波堤は高さが数メートルある。近づいたら視界が遮られるのではないか。テトラポットや岩場も見えない。ヘッドランプを出しておくのを忘れた。日没前の到着にばかり注意を奪われ、夜の行動に考えが及ばなかった。

実際、市街地の明かりがいつの間にか視界から消えていた。今考えれば、このとき防波堤の影に入っていたのではないかと思う。

想定していないことに気がつくと、不安や恐怖がわき起こる。

が、恐怖につき合う余裕はない。漕げ。四の五の言わずに漕げ。

日没からもう二時間ほどは漕いでいる。街の灯が、心なしか小さくなったような気がする。実際、市街地から遠ざかっていたのだが、そのときはそんなことは思いもしなかった。だから、不安に感じることはなかった。その代わり、西之表港に面白いものを見つけて、目が釘づけになった。

「あれは、何だ」

たぶん建物の明かりだろうが、ロボットの顔に見えた。四角い顔に四角い目玉が二つ。愛嬌のある顔だ。まるでロボット三等兵じゃないか。ロボタにも似てるなあ。

ロボット三等兵というのは、少年のころに見た漫画の主人公だ。

ロボタとは、絵本の主人公のことだ。俺がまだ新聞記者をしていたころ、福岡県の宗像市にいたときに、出版したロボットの絵本を持ってきた青年がいた。絵本の紹介記事を地域面に書いた。彼は、次の本を書いただろうか。

そのうち、ロボットが見えなくなった。

フェリー

ドッドッドッドッ。後方から迫る音にふり返った。奇怪な物体が暗闇を移動してくる。赤や緑、目玉のような灯りを乱雑にまとい、輪郭が全く分からない。さっきのロボットはじっとしていたが、こいつは大きな心臓を持っている。ドッドッドッと鼓動し、宇宙空間を旅するUFOのように右前方に去った。近づく時は赤い光が右に、緑の光が左に見えた。遠ざかるときは白い一つ目になって、鼓動も聞こえなくなり、点滅する灯台の方へ黙々と進んで行った。

〈貨物船か〉

鹿児島—種子島の定期船航路は、馬毛島に北東海域で最接近する。西之表港に行く船は、昼間は自分の進行方向左に見えていたが、今は右手にあった。カヤックは知らないうちに航路を横切っている。

〈ぶつからんで良かった〉

向こうからは、ケシ粒ほどのカヤックは見えない。ましてや夜の闇の中だ。

だんだん遠くなる街明かりがやはり西之表港だ。やや恨めしく、目玉の航跡を眺めた。

漂流の不安と恐怖が、またチラリと頭をかすめる。ただ、ドッドッドッドッと単調なエンジン音で海面をたたき、堤防の中に吸い込まれた姿は、陸地の近さと、漕ぎ続ければいつか必ずたどり着けることを教えてくれた。同時に、お前は流されているぞと警告してもいる。漕ぎやめれば、必ず大海のただ中へ引き戻される。カヤックは北に流されている。

この船は鹿商海運のフェリー「はいびすかす」（一七九八トン）だった。鹿児島市南部の谷山港を午後六時に出港し、午後九時四〇分に西之表港に着く。翌朝五時に西之表港を出港し屋久島・宮之浦港に向かう。宮之浦港からはまた西之表に戻り、さらに鹿児島へ向かい午後二時四〇分に到着する。つまり鹿児島港を起点に、種子島・屋久島間を二日間で一往復する船だ。あらかじめ、このことを知っていれば、時刻を推測することもできたはずだが、この時は知らなかった。

また、十管作成の潮流推算図によると、日没前の午後六時ころから、種子島西岸の潮流は、それま

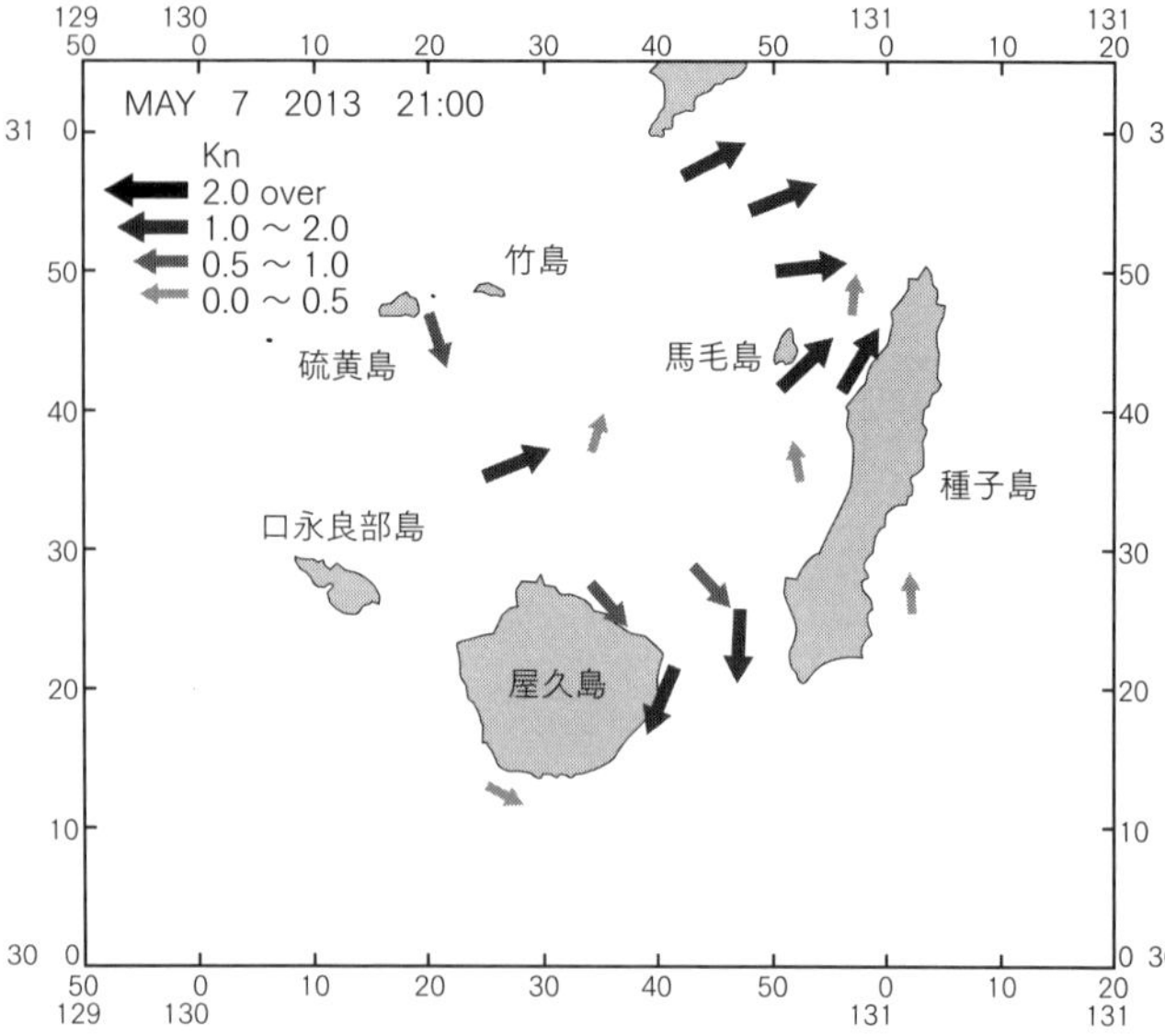

午後9時の潮流推算図（十管作成）

での南向きから逆方向の北向きに変わり、深夜にかけて徐々に強くなっている。西之表港から北の喜志鹿崎方向に一～二ノットの速度で流れていた。この潮流は翌日未明まで六時間以上続いたようだ。大隅海峡の佐多岬と喜志鹿崎の中間付近はさらに流れが速く、午後十時ころから二ノット以上の速度だったと推定されている。

「はいびすかす」の船影が完全に視界から消えた。キラキラした市街地の灯はいつの間にか乏しくなり、ついには見えなくなっていた。街は岬の陰に隠れたようだ。

心細くなって叫んだ。

「おーい」

「たすけてくれえーっ」

近くに船がいるわけではない。助けを求め

るつもりではなかった。声を出すことで、自分を奮い立たせたかった。声を張り上げるのに、そんな言葉しか思いつかなかった。自分が生きているのを確かめるような気持ちだった。声を出すと、気持ちが落ち着いた。

〈結構、元気があるじゃないか〉

まだ、がんばれるという自信がわき、腕に力が甦ったような気がする。

パドルを持つ手に少し力が戻った。

市街地の灯が消えて、団地の明かりが見えた。それも右の方へ遠ざかり、次には小さな灯が点々と続く。民家だろう。あれをつなげば海岸線か。左手には煌々と赤い光が射している。種子島北端にある喜志鹿崎の灯台だ。点滅が徐々に近づいている。

〈いかん〉

灯台の向こうは太平洋だ。太平洋に入りこんだら、黒潮に乗って、四国沖、東海、関東沖、もう陸地には戻れない。

「死ぬ気で漕げーッ」

夜更けの赤い点滅は、ひときわ明るい。懸命に漕ぐと見えなくなった。南側の岬の陰に入ったからだろう。油断すると、また光る。

〈出た～ッ〉

赤い点滅があんなに不気味に見えたことはない。喜志鹿崎の灯が亡霊の如く現れるたびに、しゃかりきに漕いだ。見えなくなって心底ほっとした。パドルさばきもようやく落ち着いた。

〈おやっ〉

海面に明かりが揺れている。陸上には横一直線に点々と一〇個ばかり光が連なっている。家々の光だろう。光がまたたき、少しずつ大きくなる。海面に映り、細長く延びてくる。直線だった光の列が、湾曲して見える。民家の点在する入り江にさしかかっている。

光の列の右端を目標に漕ぐ。陸地は近づいているはずなのに、目標は右へ右へと遠のいていく。あの距離なら五百メートルとは離れていない。そう見当をつけ、目標を左に変えて漕ぐ。そんなことを何度か繰り返していると、出し抜けに聞こえてきた。

「ゲッゲッゲッゲッー、ゲーゲッ、ゲーゲッ」

カエルの鳴き声だ。

〈陸だ、助かった〉

小雨が落ちているのだろうか。カエルは雨の気配で鳴く。パドルにまた力が入った。

10：37

ガッガガッ。カヤックの船底が衝撃音をたてて、止まった。陸地に乗り上げた。

「着いた」

緊張がほどけていく。

〈もう、漕がなくていい〉

船べりから手を伸ばすと、尖った岩場ではない、直径五、六〇センチの丸まった石がゴロゴロと転がっているようだ。ザブンザブンと波が寄せ、カヤックを持ち上げたり下ろしたり不安定に揺らす。近くに陸の方から水が流れ出ているような音が聞こえる。

〈降りよう。磯タビを履こう〉

右後ろを手探りして、左足を見つけて履いた。右が無い。片足だけ履いて外に足を出した。立つと、頭がくらくらしてズルリと滑った。星明かりに目は慣れているが、よく見えない。ヘッドランプがザックの中に入ってたはずだが、このときは忘れていたし、もし思い出しても、暗闇の中でザックの口を広げて取り出す気力がなかった。意識がもうろうとしている。

激しい疲労をはぎ取るように、手袋を外した。星明かりの中で手のひらを広げると、深い皺が地図の等高線の渦のようだ。足の裏も同じ。命綱の結び目を解いた。パドルに結わえつけて、アンカー代わりにする。まだ満潮の上げ潮なのか、引き潮なのか、よくわからない。満ちたら、カヤックが海に引き込まれてしまう。少し満ちても影響のないところまでは揚げておかねばならない。

よたよたしながら、やっとのことでカヤックをずり上げた。力が、もう出ない。パドルを左腕の脇にはさみ、腰から外したロープの端をくくりつけて、乾いている岩の間にはさみこんだ。暗い。空を見上げると、月はまだ出ていない。

〈次は……、助けを呼ぼう〉

ふらふらと陸の上の方へ歩いた。階段がある。なんでこんなところに階段があるんだろうといぶかりながら上がった。右手に明かりが見えた。民家だ。人がいるはずだ。足を踏み出すと、地べたの石ころがむきだしの右足の裏にあたって痛い。頭に巻いていた手ぬぐいをほどいて、土踏まずに当ててグルグル巻きつけ足の甲で結んだ。いくぶん楽だ。もう少し、巻き方をきれいにした方がいいなあと思いつつ、そんなヒマはない、早く助けを求めないと、カヤックが潮にのまれる、とうろたえる。玄関はどこか。足下が暗くてよくわからない。

〈落ち着かんと〉

その場にしゃがんで、両手で地面をさぐると、生暖かい空気が顔をなで上げた。目の前に高さ一メートル弱の細長い植物が、整列している。

〈畑かな？　花壇かな？　踏み荒らさないようにせんと〉

しかし、玄関が見つからない。両腕を平泳ぎのように身体の前で回しながら、そろそろと足を踏み出す。もうろうとして動き回るうちに、ぐるぐる植物を踏み散らしていた。これは陸地ではなくて、死後の幻覚ではないのか。斜面を上り、次には下りた。さまよい歩いて、やっと、大きなサッシ窓のある庭先に出た。テレビの音がする。

〈ああ、誰かいる。よかった〉

大きな画面は、野球のゲームかニュースを流しているようだった。

「今晩はぁ、今晩はぁ」

何回かくりかえすと、奥から男性が出てきた。

「何ですか」

声がなかなか出ない。のどの粘膜が乾き、張りついている。

「あのぉ、お宅の裏の海岸に、漂着しまして」

かすれた声を絞り出す。つばをのみ込んで、しゃべりやすくしようとするが、そのつばが出ない。

そのうえ、突然の夜中の訪問をどう説明していいか、わからないままでいる。あやしまれないように、はきはきしゃべろうと思うが……。

「漂着？　どっから来たとか」

「ま、馬毛島から」

「まげーっ？」

「い、磯遊びに行って、船とはぐれて、カヤックを、漕いで来ました」

「……」

何か、怯えたような顔をしている。

「あの、西之表の者で、納曽《のうそ》の八板といいます。疲労困憊してカヤックを揚げがならんもんで（揚げることができないので）、知り合いに救助を頼もうと思うて……。電話を貸してくれんちゅう（貸してくれませんか）？」

種子島の方言を繰り出しての哀願で、やっと通じた。

「えーんにゃ（ああそうか）、わかった」

一旦、奥に引っ込んだ男性は再び出てきて、携帯電話を差し出した。

「はいっ」

受け取ると、液晶画面が「10：37」と表示していた。

〈もう、十一時近いのか〉

「あ、電話帳も貸してくれんちゅう」

船長の番号を見つけて、かけた。

「もしもし、八板です」

「えー、八板さーん、よかった、電話が来んもんじゃから、心配しとったてや（心配していたんだよ）。よかった、連絡がついて。だいじょうぶじゃったぁ？　迎えにはいつ行こうかなぁ」

「そいがなぁ、もう、着いたと。カヤックを漕いでさっき着いたと」

「……」

「着いたばって、衰弱して、力が出らんごとなって、荷物もカヤックも揚げきらんから、助けにきてほしかと」

「わかった、どけえ着いたんかい（どこに着いたんだい）、今、どけえ居っと（どこに居るの）？」

俺は電話機を耳から外して、男性に聞いた。

「すんません、ここは何処やちゅう（どこですか）？」

「大崎や」

電話機を口元に引きつける。

「大崎やちゅうろ（大崎だそうだよ）」

「あば、大崎なら、知っとる。そん人に代わってくれえや」

船長と男性は知り合いだった。

SOSの通話が終わり、礼を言って電話を返した。にこやかになった男性は奥に戻ると、今度は茶碗を持ってきて差し出した。冷たいお茶だった。両手で受け取り、口元に運ぶ。ズズズッとすすり、張りついた口の中を湿らせてから、ゴクッと干からびたのどを開通させた。そして、ゴクゴクゴクッと音をたてて一気に飲み干した。

「ああー、ぅまか。す、すんません。も、もう一杯お願いします」

あんなにうまいお茶を飲んだことがない。あわただしい飲みっぷりを見て男性は、次にはバナナを持ってきてくれた。

「腹も減っとるやろう」

間違いなく空腹のはずなのだが、食欲がなかった。長時間の水分欠乏により、のども食道も乾いて閉じられ液体しか通さない。固着した感じさえして、固形物を通すのはとてもできそうにない。

「おおきに、じゃばって、のどが張りついとって、まだ通らんごたる」

何から何までありがたかったが、丁重に断った。男性も、なるほどという顔をして、それ以上は勧めなかった。食欲の減退が、脱水症状として起きることは後で知った。

そうこうしているうちに、船長が助手一人を連れて二人、車で迎えに来てくれた。

カヤックから、リュック、カメラ、テントの防水パックを下ろしてきびきびと船体を引き揚げた。

俺は、自分がこの世のものか、まだ信じられず、ぼうっと立っていた。

漂着翌朝のカヤック

大崎神社

一夜明けて、漂着した大崎海岸に来た。まだ、ふらふらする。前夜に上がった階段は、護岸から半円形に海にせり出すようにコンクリート造りで一五、六段あり、堤防沿いの通路につながっていた。人々が海や川に親しむための「親水階段」と呼ばれているものだ。西之表港からは五、六キロ離れているので、白い市街地は洲之崎の岬に隠れて見えない。

前夜、真っ暗になったころから、北東への潮流に流されている。潮流の速さが一～二ノットなら二、三時間ぐらいの距離として計算は合う。フェリー「はいびすかす」の西之表入港の定刻は午後九時四〇分だから、すれ違ったのは九時二〇分ころだったろうか。それから一時間ちょっとで大崎に着いたことになる。

岳之腰は、西之表港からの眺望より低く見えた。島全体も小さい。漂着直後、足下に見たのは、畑や花壇ではなく草の生えた空き地だった。堤防脇の溝に沿って、まだ花の咲いていないセイタカアワダチソウの長細い群落があった。

〈これか〉

死後の幻影ではなかった。ようやく、生きて帰れたのだと実感した。

馬毛島と海峡の写真を撮っていると、男性が堤防わきを歩いてきた。前夜、お茶をふるまい、電話を貸してくれた恩人だとすぐわかった。

「何の写真ですか？」

「あー、夕べは大変お世話になりました」

「えー、あんたじゃったかい。北朝鮮から拉致に来たかと思うたろ（思ったよ）」

すぐ目の前の道路に面して大崎神社がある。大崎は種子島の製塩業発祥の地の一つに数えられ、鎌倉伝来の竹網代釜による塩焚きをした。大崎神社は塩竃神社とも呼ばれ、窯跡地に火の神天照大神をまつり、一九〇一（明治三十四）年に創建された。ある朝、神主が神前に捧げる初塩水をくみに浜辺に来て、浮いている酒樽を拾った。「奉納天照大神　長崎県樺島村　杉田増次」と書いてあったので、村人一同に話し、手紙を書き送ったところ、重病の治癒を願って海に流した数個の酒樽の一つとわかった。病気は、酒樽が漂着したころに治っていたという話が伝えられる。俺も、この神様が導いて助けてくれた、そんな気がした。

海から帰る足で、ドコモショップに行った。紛失した携帯電話には保険がかけてあったので、五千円出せば新しい端末がもらえる。種子島警察署に電話で紛失を届け、受付番号をもらった。「一一九」。ショップの店員に伝えると、てきぱきと同じ機種を用意してくれた。

「電話帳のバックアップをインストールします」

数分後、店員から白い携帯電話を手渡された。

ショップを出てしばらくすると、携帯電話がメールを受信した。まっさらの受信メール一覧表が現れる。最初の一通は、船長からだ。ただ受信時刻は「5月6日　21時2分」。ということは馬毛島脱出の前夜だ。心配して連絡をくれたものだろうか。電池切れか電波が届かなかったかで端末に届かなかったメールを改めて受信したらしい。

文面を見て、力が抜けた。

「ご無事ですか。いつ頃行こうかな。明日は会合。8日はランチの後、14時以降は大丈夫です」

船長は、八日の午後に迎えに来てくれるつもりだったようだ。もし、七日に迎えを待っていたら、待ちぼうけを食っていたことになる。俺は、予定告知の失敗を思い起こし、紛失当夜の寒気がまざまざと甦った。

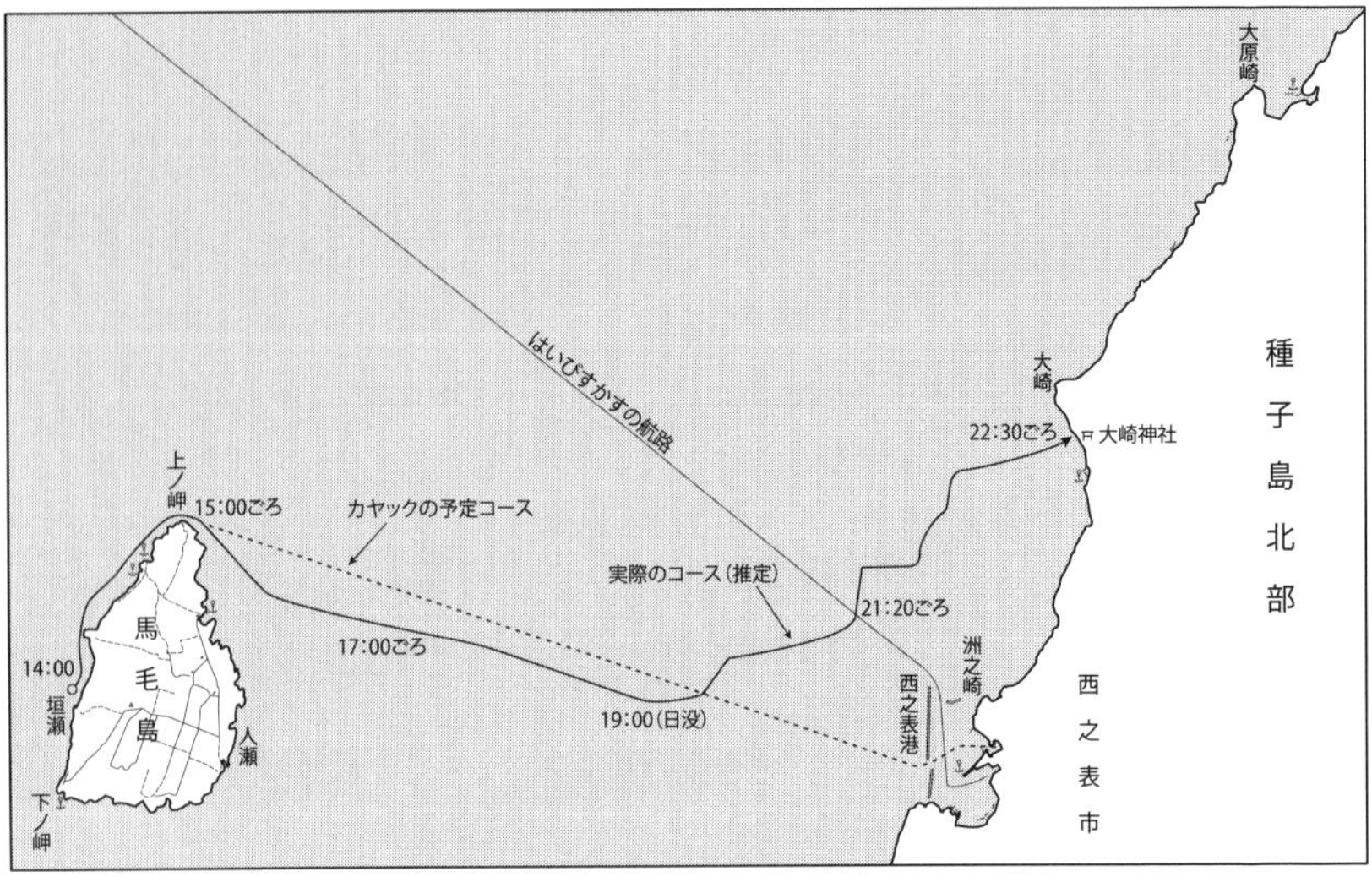

カヤックがたどったコースの想像図

ローアウト

馬毛島と種子島の海峡で、俺はどんなコースをたどったのか。五万分の一の地図や海図を広げて、灯台のある喜志鹿崎、漂着した大崎、めざした西之表港を何度も眺めた。

はじめ、清掃工場を目標に漕ぎ、潮流の影響で時には後退し、蛇行し、海峡半ばの日没に絶望した。暗い海を西之表港に近づいたものの、太平洋を漂流する危機に直面した。漕ぎ疲れ、もうろうとする俺をむち打つように、灯台が赤く点滅した。

その「喜鹿埼灯台」は種子島の北端にある白いタイル張りの塔だ。社団法人「燈光会」が設置した案内板によると、一九六三（昭和三十八）年三月建設。「単閃赤光」が一五秒に一閃光を放つ。光度は十万カンデラ。光の達する距離は二一・五海里（約四〇キロ）。地上高一三・一メートル。海面から灯火までの高さは六八・五メートルとあった。

地図の上では入江や岬で変化に富む地形も、カヤックから遠望すると水平線上に横一線になって、距離感がとりにくい。同様に夜間の光も遠近を判断するのが難しい。海岸線の湾曲や海面に揺らめく灯火の像は、ある程度近づいてはじめて見える。ふだん何気なく見過ごしてきた光景の意味を、今、一つひとつかみしめている。

「二〇一三年五月七日」が過ぎ去った後は、もう馬毛島に渡るつもりはなかった。それでも、研究者や知人に誘われて三回行った。鹿の骨の回収や潮干狩りなどのためで、いずれも日帰り、短時間の上陸だった。通算九回となる上陸年月と場所は次のようになる。

Ⅰ　二〇一二年四月　東海岸・葉山港
Ⅱ　二〇一二年七月　南海岸・高瀬
Ⅲ　二〇一二年八月　西海岸・大平瀬
Ⅳ　二〇一二年十一月　西海岸・垣瀬
Ⅴ　二〇一三年一月　西海岸・垣瀬
Ⅵ　二〇一三年五月　西海岸・垣瀬

Ⅶ　二〇一三年八月　南西端・椎ノ木港
Ⅷ　二〇一五年四月　東海岸・葉山港
Ⅸ　二〇一五年七月　東海岸・葉山港

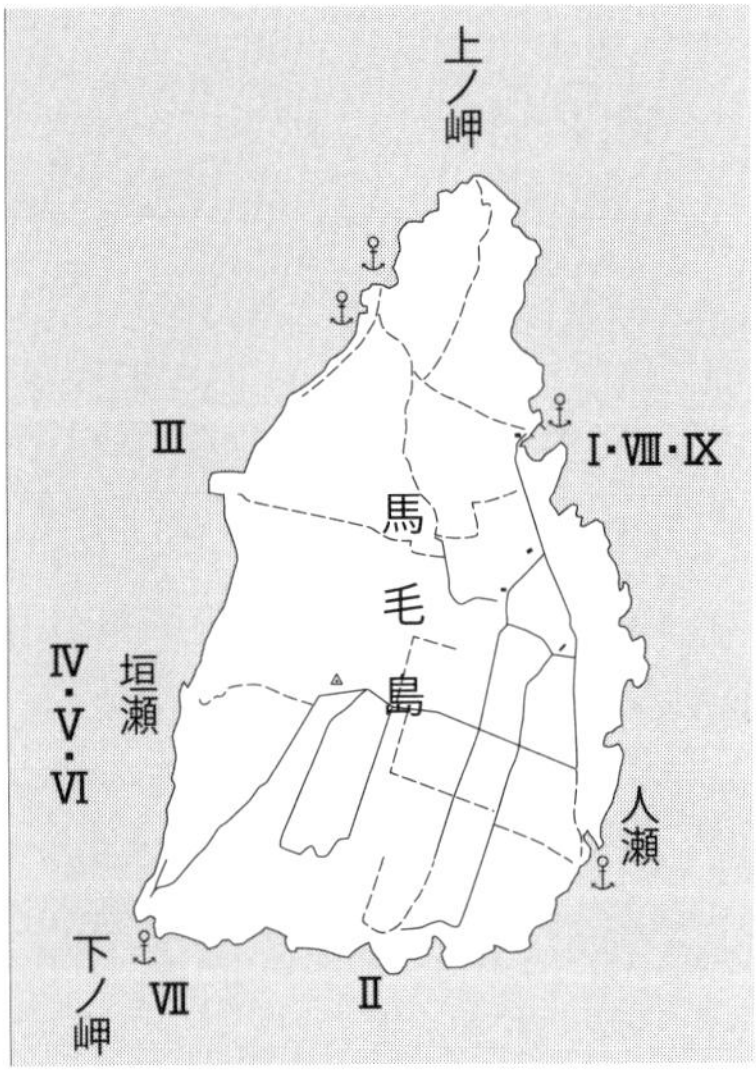

馬毛島への上陸場所

大崎海岸への漂着後も、しばらく体調不良の日々が続いた。体がだるく、思考も長続きしない。完全に復調するまでには半年か、それ以上かかったような気がする。

猛暑に長時間さらされたり、運動をして水分を補給しなかったりすると、多量の体液を汗として失い脱水状態になる。脱水症は、単に水分が少なくなるというだけではなく、体液が失われることによって、水分と電解質（ナトリウム、カリウム、カルシウム、塩素などのイオン）、つまりミネラルが不足していく。脱水が進むと、血液が減り濃縮されて、血液循環の障害が起こる。熱中症は脱水と関係が深い。

環境省の「熱中症環境保健マニュアル」によれば、初期はめまい、筋肉のこむらがえり、手足のしびれなどの症状が現れ、さらに、頭痛、吐き気、倦怠感、虚脱感、重症になると意識障害、全身けいれんなども引き起こす。食欲不振などの初期症状が現れるのは、水分減少が体重の三〜四パーセント。水と人体の問題を解説する書物には、一〇パーセントの水分が失われると危機的状況に陥り、二〇パーセントを失うと死に至るとされている。

渡島前、俺の体重は六八キロ前後あった。漂着後、水をたらふく飲み、おかゆを少し流しこんで、快い眠りについた。夜中にのどが乾いてまた水を飲んだ。翌日、体重計は六四キロを指していたと記憶する。漂着前も直後も正確な体重は不明だが、三〜五キロの範囲で水分喪失があったとすると、体重の四〜七パーセントを失ったことになる。

体液と海水のことでいえば、人間の血液中の塩分濃度は一パーセントほどなのに対して海水はその三倍もあるらしい。それで海水を飲むと体内の浸透圧が上がって、水分摂取の要求が高まり、のどの乾きがひどくなるという。

俺のカヤック行では、激しい運動と発汗で水分と電解質が大きく失われた。海水を飲んで補給をしたが、塩分濃度が高く、危険を助長する両刃の剣だった。俺のからだは過酷な条件に耐え、機能が低下したのかもしれない。体重の回復は今も進んでいない。

ボートに「ローアウト（ｒｏｗ　ｏｕｔ）」という用語がある。レースで、ゴールと同時に、その場にへたりこんで起き上がれなくなることを言う。己のもてる体力と気力の全てを使い果たすことで、漕手のめざす理想だと教えられた。

海峡横断で俺はローアウトした。
俺はたまに漂着した大崎海岸に来て、馬毛島と海峡を眺める。そして、海と神に感謝する。

落日に枕し潮に漱《くちすす》ぐ　この海峡に吾れ生かされき

あとがき

馬毛島は、わたしの胸から消えない風景です。幼年期に焼きつけられた風景は、いかなる意味をもつのか。その問いに、馬毛島は映像、情念、生命の三つのかたちで現れました。

馬毛島を地球に座する三角錐にみなすとき、わたしは三つの側面に写真と短歌、漂流記をはめこみました。もう一つの底面に加えられるのは、個個人の追憶であり、希望です。

人々は朝、昼、夕、馬毛島を眺めながら、海の青に慰められ、緑濃き森に勇気づけられ、なだらかな岳之腰にしんみりします。馬毛島は心に刻まれた原風景なのです。

そうした心の風景を人々は和歌に詠みました。

次に島の女性三人の歌を紹介します。

ぽっかりと夕日は赤き玉となり彼方に見ゆる馬毛島染むる

作者の彤岡イネさん(二〇一二年死去)は西之表市西町に住む、わたしの友人の母親です。文学「あかおぎ」の同人でした。沈む夕日を見るたびに、種子島の人々は馬毛島を目の縁に入れます。この歌

が詠まれた二〇〇四（平成十六）年の馬毛島は、まだ全島が緑に覆われていました。

わたしは子どもの頃、夕日を見ようと、よく屋根に上りました。日没の位置は季節によって馬毛島の右や左に移動し、夏は岳之腰の直近に沈みます。

昔は木炭問屋だった形岡商店の隣にわたしの父康成の実家がありました。屋敷は西之表港（赤尾木港）に面しています。父は大正二年、種子島氏の水軍の家臣につながる家の五人兄妹の次男として生まれました。大学を出て電工会社に勤めた後、郷里で司法書士となり、終世の仕事にしました。太平洋戦争開始直前の一九四一（昭和十六）年、石堂ヨリ子と結婚しています。

次の歌は、二〇〇五年七月に八十五歳で亡くなった母ヨリ子の作です。

紺碧の海に向かいてひた走る愛車軽やか秋の国道

高校家政科の教師だった母は、蜘蛛膜下出血で急死する前年に新しい軽四輪自動車を買っていました。もみじマークをつけた愛車のハンドルを握り、さっそうと移動している時の情景を詠んだとすぐに察しがつきました。

では、詠まれた場所はどこか、さがしました。

「海に向かいて」とあるからには、正面に海が見えるはずです。わたしは遺品となった軽四輪で国道58号を走りました。西之表港を起点とする国道58号は種子島の西海岸を南北に貫き、ロケット機材が上陸する南種子町の島間港に到ります。西之表から南下すれば海は右手に広がり、正面に望むポイントはありません。逆に北上すると、海が正面に見える所がいくつかあります。

「あ、ここだ」と確信した場所は上り坂でした。アスファルト道路の先を青空が覆うような坂を上りきる直前、道路の先端から海がフロントガラスに飛び込んできました。自分を乗せた車が海に突き進んで行くと錯覚する光景です。

そして、真正面に馬毛島が見えました。

母は大正八年、野間入道と称された豪族の流れをくむ家の六人兄妹の三女に生まれ、女学校から教職に進み結婚とともに退職しましたが、数年後に復帰し、五十八歳まで勤めました。結婚後は西之表に、晩年は中種子町野間の実家近くに住みました。西之表に残す事務所に出勤する父を助手席に乗せ、毎日のように国道を北上しました。歌には詠まれていませんが、運転席から馬毛島を目にしていたはずです。母の死から二年に満たない六月、九十四歳で父も亡くなりました。

わたしはいずれ故郷に帰り両親と暮らしたいと願いながら、存命のうちにはかないませんでした。四十歳台からは家族とはなれて単身、任地で暮らす生活が続きました。好きで選んだ仕事の多忙に紛れて、時は過ぎてゆきます。毎年帰省するたびに老いた両親の顔をうかがいながら、もう少し仕事を続けようと、ぐずぐずしている間に相次いで逝きました。

三つ目は、母の長姉本間アヤ子（一九九九年死去）の歌です。

この春、大阪から帰省した従姉たちと門倉岬を訪れました。十六世紀の半ば、鉄砲伝来のポルトガル人を乗せた中国のジャンクが難破した岬です。船を象った展望台の近くに歌碑があり、伯母アヤ子の歌が刻まれています。

海鳥は岩の色して浪を聴くこの寂寞に顕《た》つ異人船

岩礁に海鳥がたたずみ、波のひた寄せる南島。この風景の中に突如姿を現した異人船が国際的事件を演じました。門倉岬の風景は西洋との出会いの歴史を含んでいます。

風景から人が感じ取るものは、千差万別です。海鳥が岩の色に融けこむのに似て、わたしは故郷の風景の中に身をおくとき、自分が風景から生まれ出たような不思議な感覚にとらわれることがあり、人間と渾然一体となった伝統の風景を思います。

かくかくしかじか、馬毛島にこだわる理由を「風景」をキーワードにして書きました。これとは別に、わたしの馬毛島通いには、渡世の旅に出してもらった故郷への恩返しと、どこか、親不孝だった半生のつぐないの気持ちもちらついています。

第一章「同胞の島」は素描。第二章「海峡」は新聞記者時代の仕事を清算する意味合いもあります。本文に掲載した手紙は実際に出したものの下書きです。相手のある私信であり、いささかためらいつつ仮名にしました。

第三章「漂着」の体験は、遭難と紙一重の無謀な行動でした。短距離、短時間の航海だったことによる幸運であり、誇るべき事ではありません。漂流中に海水を飲むことも危険なことです。ただ、馬毛島になぜ渡ったのかを正直にふり返り、種子島に帰るまでをありのままに書くことは、馬毛島の今の姿を伝えるために必要でした。

最後に、念のために書き添えます。わたしの海峡横断は予期せぬ事で、公表には今もブレーキがかかります。恥をさらすというより、多方面に迷惑を及ぼしかねない行動だったからです。報道現場にいたわたしは、海、山、川の遭難を何度も取材し、捜索に携わる警察、消防や海上保安庁、自衛隊の公安職をはじめ関係者の苦労に接しました。遭難は自然災害からレジャーまで幅広く、原因には不可抗力の場合も多いのですが、わたしの場合は愚かも愚か、関係者には大迷惑以外の何物でもありません。

このことを肝に銘じ、限られたわたしの体験から学んだ反省点と幸運を簡潔に総括します。

①水と食糧（水確保が最重要。クラッカー等は脱水症時はとくに水無しでは食べにくい）
②衣類装備（Tシャツの上に着た防水上下服は直射日光から守り、夜間は体温保持に貢献）
③通信手段（計画伝達は確実に。携帯電話は必需品。充電用バッテリーも用意したが……）
④気象情報（潮流、月齢、干満時刻の把握は海の行動に不可欠。天気図の事前チェックも）
⑤経験応用（漕ぐ心得が体力・精神的に役立った。地形の知識蓄積が判断材料になった）

無人島生活やサバイバル論は、無知・未熟のわたしが語るべきことではないし、練達者の著作が数多くあるのでそちらに譲ります。

この本は、馬毛島に暮らした日々を熱く語った農家や漁師の皆さんの協力と、各方面にわたるプロの助言なくしては書くことができませんでした。さらに、短歌指導を仰ぐ文学「あかおぎ」の吉原三保子会長と諸先輩、「同胞の島」二十首に公表の誌面を授けた「南船」の諸先生、そして、写真展「マゲシマ」を応援してくれた種子島、屋久島、鹿児島、沖縄の友人たち、とりわけ故平敷兼七さんの仲間たちに温かい励ましを受けました。出版にあたっては石風社の福元満治代表、江﨑尚裕さんとスタッフの方々にひとかたならぬお世話になりました。皆様に心から感謝し、故郷を愛した亡き両親にこの書を捧げます。

二〇一五年晩夏　野間にて　八板俊輔

参考文献

◎鮫島宗美訳・著「種子島家譜・普及版」熊毛文学会　1962年
◎同右・復刻版　2002年
◎西之表市役所「西之表市年表」1968年
◎西之表市「市政の窓　縮刷版　第一巻」1993年
◎西之表市教育委員会「馬毛島埋葬址　鹿児島県西之表市馬毛島椎ノ木遺跡」1980年
◎種子島を語る会「種子島を語る　第二号」1977年
◎坂中睦男「想い出の馬毛島」湊泊浦を研究する会　2013年
◎坂中睦男「チョッサーの歴史と魅力」湊泊浦を研究する会　2015年
◎平山武章著・平山匡利編・八板俊輔写真「馬毛島異聞」石風社　2013年
◎馬毛島環境問題対策編集員会編著「馬毛島、宝の島——豊かな自然、歴史と乱開発」南方新社　2010年
◎立澤史郎編集「馬毛島の生物相（PDF版）」馬毛島の自然を守る会　2003年
◎朝井志歩「馬毛島でのFCLP施設建設問題における騒音予測と被害意識」愛媛大学法文学部論集人文学部編第38号抜刷　2015年

◎佐喜眞道夫「アートで平和をつくる　沖縄・佐喜眞美術館の軌跡」岩波書店・岩波ブックレット　2014年
◎鹿児島市立少年自然の家「平成13年度主宰事業　大自然へのトライ&トライ　～馬毛島生活体験キャンプ～実施報告書」2002年
◎同「平成12年度主宰事業　大自然へのトライ&トライ　～馬毛島生活体験キャンプ～実施報告書』2001年
◎十菱駿武・菊池実 編「しらべる戦争遺跡の事典」柏書房 2002年
◎十菱駿武・菊池実 編「続しらべる戦争遺跡の事典」柏書房 2003年
◎鮫嶋安豊「写真で見る種子島の歴史」 たましだ舎　2011年
◎尾形之善「写真で見る種子島の自然」 たましだ舎　2010年
◎ジョン・ターク（森夏樹 訳）「縄文人は太平洋を渡ったか カヤック3000マイル航海記」2006年　青土社
◎ジョン・ダウド著（並松征彦訳）「シーカヤッキング 長距離カヤック航海の世界」2002年 山と渓谷社
◎ジョン・ダウド著（堀田貴之／ローリー・イネステイラー訳）「シーカヤッキング 海へ出かけるためのマニュアル」 CBSソニー出版　1990年

◎辰野勇・著「カヌー&カヤック入門」山と渓谷社　2005年
◎武智三繁「あきらめたから、生きられた　太平洋37日間漂流船長はなぜ生還できたのか」小学館　2001年
◎佐野三治「たった一人の生還『たか号』漂流二十七日間の闘い」新潮社　1992年
◎吉村昭「漂流」新潮文庫　1980年
◎大石虎之助「種子島の社寺・民間信仰神」1995年
◎小川徳雄「新　汗のはなし　汗と暑さの生理学」アドア出版　1994年
◎藤田紘一郎「水の健康学」新潮社・新潮選書　2004年

時代・年	馬毛島・種子島をめぐる出来事	日本・世界の動き
鎌倉時代	平信基（種子島氏の祖）、南海十二島の領主となる	源実朝が征夷大将軍、北条時政が執権に
1763（宝暦13）	島津重豪の命で鹿を阿久根へ／馬毛島漁業を三ヶ浦に許す	
1829（文政12）	種子島の島人、馬毛島の蘇鉄をとり飢えをしのぐ	シーボルト国外追放
1869（明治2）	維新政府に禄地返還	版籍奉還
1872（明治5）	西之表士族が政府から馬毛島全島を借地し牛の飼育開始	陸軍省・海軍省設置
1880（明治13）	馬毛島、農商務省の緬羊試牧場となる	
1890（明治23）	馬毛島牛牧場の経営不振、鮫島甚七の所有となる	第一回帝国議会
1913（大正2）	馬毛島の所有権、東京の三浦泰輔に移る	
1924（大正13）	馬毛島牧場、三浦直介より神戸の川西清兵衛に移る	中国で第一次国共合作
1937（昭和12）	葉山浦の護岸工事起工	広田弘毅内閣総辞職／盧溝橋事件
1941（昭和16）	海軍が岳之腰に機関砲座を有するトーチカ設置	日本軍が真珠湾攻撃

1944（昭和19）	馬毛島の羊、南種子村の川西牧場に移る	学童疎開決定
1945（昭和20）	独立混成百九旅団が種子島に駐屯／米海兵隊、武器接収	第2次世界大戦終わる
1946（昭和21）	農地解放により政府が馬毛島の約6割の480ヘクタールを買収	第2次農地改革／日本国憲法公布
1951（昭和26）	洲之崎小屋75戸焼失／馬毛島に39戸入植移住	サンフランシスコ講和会議
1953（昭和28）	榕城小学校馬毛島分校開校	奄美群島が本土復帰
1955（昭和30）	榕城中学校馬毛島分校開校	自由民主党結成（保守合同）
1959（昭和34）	住民は113世帯、528人	皇太子成婚
1962（昭和37）	製糖工場馬毛島工場設立	キューバ危機
1963（昭和38）	市営連絡船「馬毛島丸」（19トン）就航	ケネディ米大統領暗殺
1964（昭和39）	馬毛島小・中学校が独立	東京オリンピック開催
1965（昭和40）	新光糖業馬毛島工場閉鎖	佐藤首相、首相として戦後初の沖縄訪問
1966（昭和41）	種子島畜産組合が馬毛島で事業開始、用地88ヘクタールを借地	ビートルズ来日

1970（昭和45）	道路法で馬毛島1号線を市道認定	日米安保条約が自動延長
1972（昭和47）	へき地集会室（体育館）完成	沖縄の施政権返還
1974（昭和49）	初の舗装道路完成1・4㌔／「馬毛島開発」社設立	
1977（昭和52）	西之表市と馬毛島開発が進出に関する協定	ロッキード事件初公判
1979（昭和54）	西之表市議会が馬毛島に石油備蓄基地を誘致する陳情採択	第2次石油危機
1980（昭和55）	国家石油備蓄基地候補地となる／馬毛島が無人島となる	
1986（昭和61）	防衛庁が超水平線レーダー施設の設置構想	チェルノブイリ原発事故
1989（平成元）	鹿児島市の無人島キャンプ「トライ&トライ」開始。2002年まで	天安門事件／ベルリンの壁崩壊
1995（平成7）	宇宙往還機着陸場の誘致運動／小中学校廃校を市議会議決	阪神・淡路大震災
1999（平成11）	国が道路用地を売却／使用済み核燃料貯蔵施設誘致の動き	北朝鮮工作船に対し海上警備行動発令
2000（平成12）	馬毛島開発の採石事業を鹿児島県が許可	九州・沖縄サミット開催

2003（平成15）	場外離着陸場設置の林地開発を鹿児島県が許可	米スペースシャトル・コロンビアが墜落
2006（平成18）	米空母艦載機の岩国移転に日米政府が合意	陸上自衛隊がイラク撤退完了
2007（平成19）	米空母艦載機の離着陸訓練（ＦＣＬＰ）の馬毛島移転案報道	防衛省発足
2010（平成22）	米軍普天間飛行場の移設候補地の一つに浮上	尖閣諸島海域で中国漁船衝突事件
2011（平成23）	日米両政府がＦＣＬＰの恒久的施設の候補地と発表	東日本大震災
2015（平成27）	入会権訴訟で上告棄却、入会権を認めた二審判決確定	

※本書は「南船」二〇一五年二月号に所収された
二十首「同胞《はらから》の島」をもとに、著者書き下ろし
分を加えて単行本にまとめたものです
※種子島・屋久島付近潮流推算図　174頁、186頁
海上保安庁図誌利用第２７１００３号

八板 俊輔（やいた しゅんすけ）

１９５３年、種子島生まれ。早大卒。朝日新聞社に入り社会部記者。鉄砲伝来４５０周年取材で９２年、ポルトガル訪問。熊本総局長等を経て２０１２年退職、帰郷。西之表市在住。著作にＤＶＤ「馬毛島２０１３」

馬毛島漂流

二〇一五年十月二十日　初版第一刷発行

著　者　八　板　俊　輔

発行者　福　元　満　治

発行所　石　風　社

福岡市中央区渡辺通二―三―二四
電　話　〇九二（七一四）四八三八
ＦＡＸ　〇九二（七二五）三四四〇

印刷・製本　シナノパブリッシングプレス

*表示価格は本体価格です。定価は本体価格プラス税

中村　哲
医者、用水路を拓く　アフガンの大地から世界の虚構に挑む
*農村農業工学会著作賞受賞

養老孟司氏ほか絶讃。「百の診療所より一本の用水路を」。百年に一度といわれる大旱魃《かんばつ》と戦乱に見舞われたアフガニスタン農村の復興のため、全長二五・五キロに及ぶ灌漑用水路を建設する一日本人医師の苦闘と実践の記録
【5刷】1800円

中村　哲
医者　井戸を掘る　アフガン旱魃《かんばつ》との闘い
*日本ジャーナリスト会議賞受賞

「とにかく生きておれ！　病気は後で治す」。百年に一度といわれる最悪の大旱魃に襲われたアフガニスタンで、現地住民、そして日本の青年たちとともに千の井戸をもって挑んだ医師の緊急レポート
【12刷】1800円

中村　哲
辺境で診《み》る　辺境から見る

「ペシャワール、この地名が世界認識を根底から変えるほどの意味を帯びて私たちに迫ってきたのは、中村哲の本によってである」（芹沢俊介氏）。戦乱のアフガニスタンで、世の虚構に抗して黙々と活動を続ける医師の思考と実践の軌跡
【5刷】1800円

ジェローム・グループマン
美沢惠子　訳
医者は現場でどう考えるか

「間違える医者」と「間違えぬ医者」の思考はどこが異なるのだろうか。臨床現場での具体例をあげながら医師の思考プロセスを探索する医療ルポルタージュ。診断エラーをいかに回避するか――患者と医者にとって喫緊の課題を、医師が追求する
【5刷】2800円

冨田江里子
フィリピンの小さな産院から

近代化の風潮と疲弊した伝統社会との板挟みの中で、多産と貧困に苦しむ途上国の人々。フィリピンの最貧困地区に助産院を開いて13年、苦闘の日々から人間本来の豊かさを問う。「本の雑誌」13年度上半期7位！　角田光代氏絶賛
【2刷】1800円

麻生徹男
上海より上海へ　兵站病院の産婦人科医

従軍慰安婦・第一級資料収集。兵站病院の軍医が、克明に記した日記を基に、「残務整理」と称して綴った回想録。看護婦、宣教師、ダンサー、芸人、慰安婦……戦争の光と闇に生きた女性たちを、ひとりの人間の目を通して刻む
【2刷】2500円

＊表示価格は本体価格です。定価は本体価格プラス税

石牟礼道子全詩集

はにかみの国

芸術選奨文部科学大臣賞　石牟礼作品の底流に響く神話的世界が、詩という蒸留器で清冽に結露する。一九五〇年代作品から近作までの三十数篇を収録。石牟礼道子第一詩集にして全詩集

【3刷】2500円

渡辺京二

細部にやどる夢　私と西洋文学

少年の日々、退屈極まりなかった世界文学の名作古典が、なぜ、今読めるのか。小説を読む至福と作法について明晰自在に語る評論集。〈目次〉世界文学再訪／トゥルゲーネフ今昔／『エイミー・フォスター』考／書物という宇宙他

1500円

阿部謹也

ヨーロッパを読む

「死者の社会史」、「笛吹き男は何故差別されたか」から「世間論」まで、ヨーロッパにおける近代の成立を鋭く解明しながら、世間的日常と近代的個に分裂して生きる日本知識人の問題に迫る、阿部史学の刺激的エッセンス

【3刷】3500円

斉藤泰嘉

佐藤慶太郎伝　東京府美術館を建てた石炭の神様

日本のカーネギーを目指した九州若松の石炭商。巨額の私財を投じ日本初の美術館を建て、戦局濃い中、佐藤新興生活館（現・山の上ホテル）を創設。「美しい生活とは何か」を希求し続けた男の清冽な生涯を描く力作評伝

【2刷】2500円

成　元哲［編著］

牛島佳代／松谷　満／阪口祐介［著］

終わらない被災の時間　原発事故が福島県中通りの親子に与える影響（ストレス）

見えない放射能と情報不安の中で、幼い子どもを持つ母親のストレスは行き場のない怒りとなって、ふるえている――。避難区域に隣接する福島県中通り九市町村に住む、子どもを持つ母親（保護者）を対象としたアンケート調査の分析と提言

1800円

富樫貞夫

水俣病事件と法

水俣病問題の政治決着を排す一法律学者渾身の証言集。水俣病事件における企業、行政の犯罪に対し、安全性の考えに基づく新たな過失論で裁判理論を構築、工業化社会の帰結である未曾有の公害事件の法的責任を糺す

5000円

＊読者の皆様へ　小社出版物が店頭にない場合は「地方・小出版流通センター扱」か「日販扱」とご指定の上最寄りの書店にご注文下さい。なお、お急ぎの場合は直接小社宛ご注文下されば、代金後払いにてご送本致します（送料は不要です）